# Montesquieu
## e
# Rousseau
Pioneiros da Sociologia

Émile Durkheim

# Montesquieu
e
# Rousseau
Pioneiros da Sociologia

*Tradução:*
Julia Vidili

Publicado originalmente em francês sob o título *Montesquieu et Rousseau*.
Direitos de tradução para todos os países em língua portuguesa.
© 2008, Madras Editora Ltda.

*Editor*:
Wagner Veneziani Costa

*Produção e Capa*:
Equipe Técnica Madras

*Tradução*:
Julia Vidili

*Revisão*:
Renata Assumpção
Liliane Fernanda Pedroso
Amanda Maria de Carvalho
Neuza Alves

**Dados Internacionais de Catalogação na Publicação (CIP)**
**(Câmara Brasileira do Livro, SP, Brasil)**

Durkheim, Émile, 1858-1917.
Montesquieu e Rousseau: Pioneiros da Sociologia / Émile Durkheim ; tradução Julia Vidili. — São Paulo: Madras, 2008.
Título original: Montesquieu et Rousseau: précurseurs de la sociologie

ISBN 978-85-370-0314-5

1. Montesquieu, Charles de Secondat, Baron de, 1689-1755 - O espírito das leis 2. Rousseau, Jean-Jacques, 1712-1778 - O contrato social 3. Sociologia - História I. Título.
08-00158                                                                 CDD-301.09

Índices para catálogo sistemático:
1. Sociologia : História 301.09

Os direitos de tradução desta obra pertencem à Madras Editora, assim como a sua adaptação e coordenação. Fica, portanto, proibida a reprodução total ou parcial desta obra, de qualquer forma ou por qualquer meio eletrônico, mecânico, inclusive por meio de processos xerográficos, incluindo ainda o uso da internet, sem a permissão expressa da Madras Editora, na pessoa de seu editor (Lei n° 9.610, de 19.2.98).

Todos os direitos desta edição, em língua portuguesa, reservados pela

**MADRAS EDITORA LTDA.**
Rua Paulo Gonçalves, 88 — Santana
CEP: 02403-020 — São Paulo/SP
Caixa Postal: 12299 — CEP: 02013-970 — SP
Tel.: (11) 2281-5555/2959-1127 — Fax: (11) 2959-3090
www.madras.com.br

# Índice

Prefácio ............................................................................. 7
A contribuição de Montesquieu à ascensão
da Ciência Social .............................................................. 13
Condições necessárias para o estabelecimento da
Ciência Social ................................................................... 17
Até que ponto Montesquieu definiu o campo da
Ciência Social? .................................................................. 27
A classificação das sociedades por Montesquieu ............ 35
Até que ponto Montesquieu acreditava que os
fenômenos sociais estão sujeitos a leis definidas? ........... 47
O método de Montesquieu ............................................... 59
Conclusão .......................................................................... 69
O *Contrato Social* de Rousseau ....................................... 73
O estado de natureza ........................................................ 75
Origem das sociedades ..................................................... 85
O *Contrato Social* e o estabelecimento do corpo político ......... 99
Da soberania em geral ...................................................... 111
Da lei em geral .................................................................. 121
Das leis políticas em particular ........................................ 127
Conclusão .......................................................................... 139

# Prefácio

A obra de David Émile Durkheim (1858-1917) exerceu notável influência sobre o desenvolvimento do pensamento social, e, embora vinculado ao Positivismo de Auguste Comte, que já preconizava a Sociologia como a ciência da sociedade, Durkheim é considerado o principal fundador da Sociologia moderna, um de seus "pais" fundadores.

Filho de rabino-chefe, teve seu período de misticismo, tornando-se agnóstico após algum tempo em Paris. No Lycée Louis-te-Grand, localizado no Quartir Latin, entre a Sorbonne, o Collège de France e a Facultè de Droit, preparou-se para o *baccalauréat*, que lhe permitiu entrar para a École Normale Supérieure, estabelecimento de primeira plana na formação universitária mundial, em 1879. Em 1872, recebeu a agregação, a condição de *agrégé de Philosophie*. Ensinou Filosofia em vários liceus da província (Sens, St. Quentin, Troyes) e interessou-se pela Sociologia. Como a França, embora berço da disciplina, não apresentasse cursos regulares desta ciência, tirou um ano de licença (1885-86) e foi para a Alemanha, onde se deparou com o trabalho de sociólogos da envergadura de Max Weber, por exemplo.

Ao regressar, iniciou seu trabalho de professor universitário ao ser indicado por Liard e Espinas para ministrar aulas de Pedagogia e Ciência Social na Facultè des Lèttres de Bordeaux, de 1887 a 1902.

Este foi o primeiro curso de Sociologia que se ofereceu em uma universidade francesa, tendo sido, pelo trabalho desenvolvido por Durkheim, transformado em *chaire magistrale* em 1896. Nessa cidade, base de intenso comércio, mas calma, encontrou condições adequadas para produzir sua obra, a começar por suas teses de doutoramento. A principal, *De la division du travail social,* que alcançou grande repercussão, foi publicada em 1893 e reeditada no ano em que deixou Bordeaux (1902), mostrando, em particular, que os ideais do individualismo expressam a emergência de um novo tipo de ordem social, capaz de transcender as formas tradicionais da sociedade pela "solidariedade orgânica", envolvendo a moralização das relações sociais, mesmo que essa nova ordem contrastasse radicalmente com a antiga, vencida pelos preceitos da revolução burguesa de 1789.

A sua tese complementar, escrita em latim, que visava apenas mostrar a erudição do candidato, foi publicada em 1892, mas em francês, só em 1953, sob o título de *Montesquieu et Rousseau: précurseurs de la Sociologie,* e é o texto que ora se apresenta integralmente vertido do latim ao português.

Logo após, em 1895, publicou *Les règles de la méthode sociologique* e, apenas dois anos depois, *Le suicide – étude sociologique.* Três quartos da obra sociológica de Durkheim foram editados em seis anos, como pudemos ver.

Em Paris, foi nomeado assistente de Buisson na cadeira de Ciência da Educação na Sorbonne em 1902 e, em 1906, com a morte do titular, assumiu como catedrático e, já em 1910, conseguiu transformá-la em cátedra de Sociologia, consolidando o *status* acadêmico dessa nova disciplina na maior instituição universitária francesa. Suas aulas na Sorbonne transformaram-se em eventos relevantes, exigindo um grande anfiteatro para comportar o elevado número de ouvintes.

Na adolescência, Durkheim testemunhou acontecimentos que marcaram decisivamente todos os franceses: em setembro de 1870, a derrota de Sedan; em 28 de janeiro de 1871, a capitulação diante das tropas alemãs; de 18 de março a 28 de maio, a insurreição da Comuna de Paris; em setembro do mesmo ano, a proclamação da III República, com a formação do governo provisório de Thiers até a votação da Constituição de 1875 e a eleição do seu primeiro presidente (Mac-Mahon). Thiers fora encarregado de assinar o tratado de Frankfurt e de reprimir os *communards*. Além disso, acompanhou a pendenga franco-alemã: em 1871, os franceses perderam parte da Lorena, sua região natal, importante área de jazidas de ferro situada em Vosges, e, com isso, Épinal tornou-se uma cidade fronteiriça.

Durante a Primeira Guerra Mundial, viu partir para o front vários de seus discípulos, inclusive seu filho Andrês (morto na retirada sérvia de 1915-16), que parecia vocacionado à Sociologia, entre os quais poucos voltaram.

Nesse entretempo, por força da derrota, das dívidas de guerra e pelo enfraquecimento moral decorrente, algumas medidas políticas acarretaram, à luz de Durkheim, impactos ao estado de coisas. A primeira é a instituição do divórcio na França (Lei Naquet) e a segunda, a implantação da instrução laica, por Jules Ferry, Ministro da Instrução Pública, em 1882. A escola tornou-se obrigatória (e gratuita) dos 6 aos 13 anos, e o ensino religioso tornou-se proibido, sendo substituído pela "instrução moral e cívica".

Em 1895, a criação da Confédération Générale du Travail (CGT), no Congresso de Limoges, expunha a tensão das relações entre proletários e patrões, mas não excluía uma espécie de euforia, de alegre expectativa com a chegada do novo século e com a expansão de novas tecnologias. Assim, apesar de uma sucessão de crises do Capitalismo em 1900-01, 1907, 1912-13, o aço, a eletricidade (que substituía o carvão) e o petróleo apontavam possibilidades novas de produção em escala e, se isso agravava os problemas de concentração de renda, sugeria, pelo menos, a manutenção e o crescimento do emprego. Essa Segunda Revolução Industrial, a do motor de combustão interna, do dínamo e da telegrafia, remetia a uma sucessão de descobertas que mudariam definitivamente o destino da Humanidade: o automóvel; o avião, as rotativas e o linotipo; o rádio, o cinema – prefigurando alterações sociais importantes.

E, se tudo leva à produção em série, à intercambiabilidade das peças, isto é, à possibilidade de substituir qualquer peça de qualquer organismo mecânico sem que as demais devam ser adaptadas – sendo esse o grande marco da produção serial, também o trabalhador precisa ser reeducado para cooperar nesse tipo de produção – , surgem as grandes teorias de produção como o fordismo, o fayolismo e o taylorismo.

Essa excessiva necessidade de produzir, tão bem exposta ao ridículo em *Tempos Modernos* de Chaplin, aumenta ainda mais as tensões entre o patronato e operários, e a Igreja trata da questão mediante a encíclica *Rerum Novarum*, de Leão XIII, impressa em 1891 e que propõe que a desproletarização, isto é, a inserção do proletário, de alguma forma na esfera do investimento, poderia reduzir as tensões sociais. Surgem idéias interessantes como o cooperativismo, o corporativismo, a participação nos lucros, a inclusão de operários no planejamento da atividade industrial, etc., isto é, surge o "espírito moderno".

Na École Normale Supérieure, na qual ingressara após dois frustrados vestibulares, o jovem Durkheim convivera com intelectuais brilhantes: Henri Bergson e Jean Jaurès foram seus veteranos; Jant e Brunot foram seus colegas de classe e todos tiveram o professor Èmile Boutroux como influência determinante de seus ensinamentos em uma época marcada pelo progresso da ciência, agora capaz de transformar a realidade pelo progresso da democracia, em decorrência do voto secreto e da maior participação do povo nos assuntos públicos, além do aumento do bem-estar geral (Welfare Stare) e do acesso geral à instrução gratuita e difusão do material impresso, como jornais, revistas e livros.

Mas seu laborioso trabalho de pesquisa e ensino foi interrompido no fim de 1916, quando teve um ataque e, embora parcialmente recuperado, não mais reuniu condições de prosseguir, vindo a falecer em 15 de novembro de 1917, na cidade de Paris.

**Obras de Durkheim:**

1893 – *De la division du travail social.*
1895 – *Les règles de la méthode sociologique.*
1897 – *Le suicide. É tude sociologique.*
1912 – *Les formes élémentaires de la vie religieuse.*
1922 – *Éducation et Sociologie.*
1924 – *Sociologie et Philosophie.*
1925 – *L'éducation morale.*
1928 – *Le socialisme: sa définition; ses débuts; la doctrine saint-simoniênne.*
1938 – *L'évolution pédagogique en France.*
1950 – *Leçons de Sociologie: Physique dês moeurs et du Droit.*
1953 – *Montesquieu et Rousseau: précurseurs de la Sociologie.*
1955 – *Pragmatisme et Sociologie.*
1969 – *Journal Sociologique.*
1970 – *La science sociale et l'action.*
1975 – *Textes.*

**Márcio Pugliesi**
*Doutor em Filosofia e Teoria Geral do Direito pela Universidade de São Paulo;
Professor de Sociologia do Direito, Teoria Geral do Direito e Filosofia do Direito no mestrado e doutorado da Pontifícia Universidade Católica de São Paulo.*

# A contribuição de Montesquieu à ascensão da Ciência Social [1]

Ignorantes de nossa história, adquirimos o hábito de encarar a Ciência Social como algo estranho a nossos hábitos e ao espírito francês. O prestígio de trabalhos recentes sobre o assunto, escritos por eminentes filósofos ingleses e alemães, fizeram-nos esquecer que essa ciência veio à luz em nosso país. Não foi apenas um francês, Augusto Comte, que firmou seus primeiros alicerces, distinguiu suas partes essenciais e a chamou Sociologia – um nome um tanto bárbaro, na verdade –, como também o próprio ímpeto de nossa atual preocupação com problemas sociais veio de nossos filósofos do século XVIII. Nesse brilhante grupo de escritores, Montesquieu ocupa um lugar de destaque. Foi ele quem, no livro *Espírito das Leis*, expôs os princípios da nova ciência.

---

1. A tese em latim de Emile Durkheim, *Quid Secundatus politicae scientiae nstitendae contulerit*, foi impressa em Bordeaux, em 1892, pela Imprimerie Gounouilhou; é dedicada a Fustel de Coulanges. Uma tradução de F. Alengry foi publicada na *Revue d'histoire politique et constitutionnelle* (julho-setembro de 1937). [Nota do tradutor para o inglês]

Para ser exato, Montesquieu não tratou de todos os fenômenos sociais nessa obra, mas apenas de um tipo em particular, as *leis*. Apesar disso, seu método de interpretação das diversas formas de direito também é válido para outras instituições sociais e pode, de modo geral, ser aplicado a elas. Como as leis abrangem toda a vida social, ele trata necessariamente de quase todos os aspectos da sociedade. Assim, para explicar a natureza do direito doméstico, para mostrar como as leis se harmonizam com a religião, a moralidade, etc., ele é obrigado a investigar religião, moralidade e a família, de forma que, na verdade, escreveu um tratado sobre os fenômenos sociais como um todo.

Não quero dizer com isso que a obra de Montesquieu contém muitas proposições que a ciência moderna pode aceitar como teoremas bem demonstrados. Quase todos os instrumentos de que precisamos para explorar a natureza das sociedades eram inexistentes no tempo de Montesquieu. A ciência histórica vivia sua infância e começava a se desenvolver; os relatos de viajantes sobre povos distantes eram raros e pouco confiáveis; a estatística, que nos capacita a classificar os diversos eventos da vida (mortes, casamentos, crimes, etc.) segundo um método definido ainda não era usada. Além disso, como a sociedade é um grande organismo vivo com uma mente característica comparável à nossa, um conhecimento da mente humana e suas leis nos ajuda a perceber as leis da sociedade com mais exatidão. No último século, esses estudos estavam em seu estágio mais primitivo. Além disso, a descoberta de verdades inquestionáveis não é, de forma alguma, o único modo de contribuir para a ciência. É igualmente importante conscientizar a ciência de seu assunto, sua natureza e método e preparar as bases sobre as quais se estabelecerá. Foi exatamente o que Montesquieu fez por nossa ciência. Ele nem sempre interpretou a história corretamente, e é fácil demonstrar seus erros. Mas ninguém antes dele fora tão longe na estrada que levou seus sucessores à verdadeira Ciência Social. Ninguém entrevira tão claramente as condições necessárias para o estabelecimento dessa disciplina.

Comecemos por estabelecer essas condições.

# Condições necessárias para o estabelecimento da Ciência Social

## [I]

Uma disciplina só pode ser chamada ciência se tiver um campo definido a explorar. A ciência trata de coisas, realidades. Se não tiver um material definido a descrever e interpretar, existe um vácuo. Além da descrição e da interpretação da realidade, ela não pode ter função real. A Aritmética trata de números; a Geometria, de espaço e figuras; as Ciências Naturais, de corpos animados e inanimados; e a Psicologia, da mente humana. Antes que a Ciência Social pudesse começar a existir, era preciso atribuir-lhe um assunto definido.

À primeira vista, esse problema não apresenta dificuldade: o assunto da Ciência Social são as "coisas" sociais, ou seja, leis, costumes, religiões, etc. Todavia, se olharmos para a história, percebemos que, até bem recentemente, nenhum filósofo jamais encarara esses assuntos sob essa luz. Pensavam que todos os fenômenos dependiam da vontade humana e, por isso, não conseguiram perceber que eles são os verdadeiros objetos, como todas as outras coisas na natureza, que têm suas características particulares e, conseqüentemente, exigem ciências que possam descrevê-los e explicá-los. Parecia-lhes suficiente afirmar aquilo por que a vontade humana deve lutar e o que deve evitar em sociedades constituídas. Desse modo, eles não procuravam conhecer o que realmente são os fenômenos sociais, sua natureza e origem, mas o que eles deveriam ser; seu objetivo não era oferecer uma imagem da natureza tão verdadeira quanto possível, mas confrontar nossa imaginação com a idéia de uma sociedade perfeita, um modelo a ser seguido. Mesmo Aristóteles, que dedicou muito mais atenção que Platãc à experiência, tinha como objetivo descobrir não as leis da existência social, mas a melhor forma de sociedade. Ele parte da suposição de que o único objetivo de uma sociedade deve ser obter a felicidade de seus membros por meio da prática da virtude, e que a virtude reside na contemplação. Não estabelece esse princípio como uma lei que as sociedades realmente observam, mas como uma que devem seguir para que os seres humanos possam estar de acordo com sua natureza específica. Mais tarde, é verdade, ele se volta para os fatos históricos, mas sem outro objetivo senão o de julgá-los e mostrar como seus próprios princípios poderiam ser adaptados a diversas situações. Os pensadores políticos que vieram depois dele seguiram seu exemplo em maior ou menor grau. Tenham eles completamente ignorado a realidade ou prestado uma certa atenção a ela, têm todos um único propósito: corrigi-la ou transformá-la completamente, em vez de conhecê-la. Não tinham praticamente qualquer interesse no passado e no presente, mas olhavam para o futuro. E uma disciplina que olha para o futuro carece de um assunto determinado e, por isso, não deve ser chamada de ciência, mas de arte.

Afirmo que essa arte sempre envolveu uma certa ciência. Ninguém já afirmou que determinado tipo de Estado é preferível a outro sem tentar apoiar sua preferência com provas, e essas provas têm de se basear em alguma realidade. Se, por exemplo, consideramos a democracia superior à aristocracia, devemos mostrar que ela é mais conforme à natureza humana ou apontar exemplos históricos que demonstram que as nações que gozaram de liberdade eram superiores às que não a tinham, etc. Quando procedemos metodicamente –

seja ao explorar a natureza ou ao definir regras de comportamento – devemos reverter às coisas, ou seja, à ciência.

Mas como os escritores inclinam-se a derivar suas opiniões a respeito desses assuntos da existência humana e não do estado das sociedades, essa ciência – se podemos chamá-la assim – normalmente nada contém de verdadeiramente social. Quando um autor demonstra que os homens nasceram para a liberdade ou, ao contrário, que aquilo de que precisam acima de tudo é segurança, e a partir disso conclui que o Estado deve ser constituído de tal ou tal forma, onde, nisso tudo, está a Ciência Social? Tudo o que se parece com ciência nessas discussões vem da Psicologia e o que se relaciona à sociedade tem a natureza de arte. Quando uma descrição ou interpretação dos fenômenos sociais de fato ocorre, representa um papel apenas secundário. Isso se aplica à teoria de Aristóteles sobre as causas subjacentes à modificação ou à derrocada de regimes políticos.

Além disso, quando a ciência se envolve com a arte, sua natureza específica tende a ser alterada; ela degenera em algo duvidoso. Arte é ação; é impulsionada pela urgência e qualquer ciência que possa conter é empurrada junto. O fato é que sempre que precisamos decidir o que fazer – e tais decisões são o papel da arte – não podemos temporizar demais; devemos nos decidir tão rapidamente quanto possível porque a vida continua. Se o Estado está doente, é impossível continuar duvidando e hesitando até que a Ciência Social tenha descrito a natureza da moléstia e descoberto suas causas; deve-se tomar uma atitude sem demora. Porém, somos dotados de inteligência e da faculdade de deliberação; não tomamos nossas decisões ao acaso. Devemos compreender, ou ao menos pensar que compreendemos, as razões para nossos planos. Por isso apressadamente reunimos, comparamos e interpretamos os fatos que nos caem nas mãos; em suma, improvisamos uma ciência conforme prosseguimos, de forma que nossa opinião parece ter um alicerce. Esse é o tipo de ciência – enormemente adulterada, como se pode ver imediatamente – que encontramos na arte. Mas como procedemos sem método, essa ciência não oferece mais do que probabilidades duvidosas, que têm tanta autoridade quanto quisermos lhes conceder. Se agimos com base nelas, não é porque os argumentos em que parecem se basear não deixam espaço para incerteza, mas porque se adaptam a nossos sentimentos pessoais; elas invariavelmente levam à mesma direção que nossas inclinações espontâneas. Além do mais, quando nossos interesses pessoais estão ameaçados, tudo mexe com nossas emoções. Quando alguma coisa afeta seriamente nossa existência pessoal, somos incapazes de examiná-la com atenção e calma. Há coisas de que gostamos, outras que detestamos; outras, ainda, que desejamos, e a cada situação trazemos nossos gostos, desgostos e desejos, todos obstáculos à reflexão. Além disso, não há uma regra firme e rápida que possa nos capacitar a perceber o que é intrinsecamente útil e o que não é, pois a mesma coisa pode ser útil em um aspecto e danosa em outro. Como a utilidade e o prejuízo não podem ser comparados matematicamente, cada indivíduo age de acordo com sua própria natureza e, seguindo sua inclinação pessoal, concentra sua atenção em um único aspecto da coisa e negligencia o outro. Alguns homens, por exemplo, são tão inflamados pela idéia de harmonia entre os cidadãos que nada consideram tão importante quanto um Estado fortemente unificado e não se perturbam com a supressão de liberdade que isso possa gerar. Para outros, a liberdade vem antes de tudo. A reunião de argumentos com os quais esses homens apóiam suas opiniões não reflete fenômenos, realidades ou a verdadeira ordem das coisas, mas simplesmente estados de mente. Esse procedimento é o oposto da verdadeira ciência.

A ciência é tão diferente da arte que apenas pode ser fiel à sua própria natureza ao declarar completa independência, ou seja, ao aplicar-se, com total desconsideração pela utilidade, a um objeto definido com o fito de conhecê-lo. Distante de debate público ou privado, livre de qualquer necessidade vital, um cientista deve dedicar-se a seus estudos na paz e na quietude do gabinete, sem que algo o force a apressar suas conclusões além do justificável por seus argumentos. Mesmo em questões abstratas, sem dúvida, nossas idéias vêm do coração, pois ele é a fonte de toda nossa vida. Mas para que nossos sentimentos não nos façam dispersar, devem ser governados pela razão. A razão tem de ser posta acima dos acidentes e contingências da vida, pois, de outra forma, tendo menos força que os desejos de todos os tipos que nos animam, inevitavelmente tomará a direção por eles imposta.

Isso não quer dizer que a ciência seja inútil na condução da vida humana. Muito pelo contrário. Quanto mais definida a distinção entre a Ciência e a Arte, mais útil a primeira pode ser à segunda. O que é mais desejável para um ser humano do que ser sadio na mente e no corpo? Apenas a ciência pode nos dizer o que constitui uma boa saúde física e mental. A Ciência Social, que classifica as diversas sociedades humanas, não pode deixar de descrever a forma normal da vida social em cada tipo de sociedade, pela simples razão de que descreve o tipo em si; o que quer que pertença ao tipo é normal, e o que quer que seja normal é saudável. Além disso, como um outro ramo da ciência trata de doenças e suas causas, somos informados não apenas a respeito do que é desejável, mas também sobre o que deve ser evitado e como os perigos podem ser afastados. Por isso, é importante para a própria arte que a ciência seja separada e, por assim dizer, emancipada dela.

Mais que isso, cada ciência deve ter seu objeto específico; pois se compartilhasse seu objeto com as outras ciências, seria indistinguível delas.

**[II]**

Nem todos os assuntos admitem o estudo científico.

A primeira tarefa da Ciência é descrever como são as realidades com que lida. Mas se essas realidades variarem entre si em um grau tal que não constituam um tipo, não poderão ser descritas por qualquer método racional. Terão de ser consideradas uma a uma, cada qual independente das outras. Mas cada caso individual envolve um número infinito de propriedades, entre as quais nenhuma escolha pode ser feita; o que é infinito não pode ser descrito. O melhor que poderíamos fazer seria tratar essas realidades à maneira dos poetas e contadores de histórias, que retratam as coisas como parecem ser, sem método ou procedimento racional. Se, por outro lado, as realidades podem ser reduzidas a um tipo, elas apresentam algo que pode ser acuradamente definido e que caracteriza o tipo em questão, pois as características comuns ao mesmo tipo são finitas em número e sua essência é manifesta. Precisamos apenas reunir esses indivíduos e notar seus pontos em comum. Em suma, a ciência não pode descrever indivíduos, mas apenas tipos. Se as sociedades humanas não podem ser classificadas, permanecem inacessíveis à descrição científica.

É verdade que Aristóteles distintos, há muito tempo, entre monarquia, aristocracia e πολιτια [politia]. Mas os tipos de sociedade não devem ser confundidos com os diferentes tipos de Estado; duas cidades podem ser de tipos diferentes, mas governadas do mesmo modo. Assim, algumas das πολεις[pólis], as cidade-estado gregas, e a maioria das nações bárbaras poderiam ser corretamente chamadas de monarquias e eram de fato denominadas assim por Aristóteles porque ambos os grupos eram governados por reis. Todavia, eram de natureza diferente. Além disso, uma mudança no sistema de governo de uma nação não envolve necessariamente uma mudança no tipo prevalescente de sociedade. Conseqüentemente, a classificação das sociedades feita por Aristóteles nada nos diz a respeito de sua natureza. Os filósofos posteriores que trataram do assunto aceitaram sua classificação e não tentaram estabelecer uma outra, pois julgavam impossível comparar sociedades humanas sob qualquer outro aspecto que não a forma do Estado. Os outros fatores – moralidade, religião, vida econômica, família, etc. – pareciam tão fortuitos e variáveis que ninguém pensou em classificá-los em tipos. Todavia, esses fatores têm uma forte influência sobre a natureza das sociedades; são o verdadeiro recheio da vida e, conseqüentemente, o assunto da Ciência Social.

# [III]

A descrição, porém, é apenas o primeiro passo do procedimento científico, que é completado pela interpretação. E a interpretação exige ainda uma condição que, por muito tempo, se julgou faltar nos fenômenos sociais.

Interpretar coisas é simplesmente arranjar nossas idéias a respeito delas em uma ordem determinada, que deve ser a mesma das próprias coisas. Pressupomos, assim, que uma ordem está presente nas próprias coisas, que elas formam séries contínuas, cujos elementos estão relacionados de tal forma que um dado efeito é sempre produzido pela mesma causa e nunca por qualquer outra. Se supusermos, porém, que não existe essa relação causal e que os efeitos podem ser produzidos sem uma causa ou por qualquer causa, tudo se torna arbitrário e fortuito. Mas o arbitrário não admite interpretação. Por isso, deve-se fazer uma escolha: ou os fenômenos sociais são incompatíveis com a ciência ou são governados pelas mesmas leis que o restante do Universo.

Este não é o lugar para um exame cuidadoso da questão. Desejamos apenas mostrar que se as sociedades não estão sujeitas a essas leis, nenhuma Ciência Social é possível. E sem Ciência não pode haver Arte, a menos que, ao estabelecer as regras da vida humana, lancemos mão de uma faculdade diferente da razão. Todavia, como o princípio de que todos os fenômenos do Universo estão firmemente inter-relacionados foi testado nos outros domínios da natureza e nunca se mostrou falso, ele também é válido, com toda probabilidade, para as sociedades humanas, que são parte da natureza. Parece contrário a qualquer método sensato supor que existem todos os tipos de exceções a essa regra, quando conhecemos apenas um único exemplo. Muitas vezes já se argumentou, na verdade, que a necessidade é irreconciliável com a liberdade humana, mas, como já demonstramos alhures[2], esse argumento deve ser excluído, já que, se a

---

2. *Da divisão do trabalho social*, pp. 1 e 11.

liberdade realmente elimina a lei, disso advém, uma vez que a vontade humana inevitavelmente se manifesta em coisas externas, que não apenas a mente, mas também o corpo e os seres inanimados terão de ser considerados estranhos a qualquer ordem e, portanto, à ciência. Mas hoje ninguém ousaria questionar a possibilidade da Ciência Natural. Não há razão por que a Ciência Social não deva gozar do mesmo estatuto.

Todavia os homens, e mesmo os filósofos, são naturalmente inclinados a excluir os princípios que estamos discutindo dos fenômenos sociais. Normalmente, pensamos que os únicos motivos subjacentes a nossos atos são os conscientes e negamos a existência de outros porque não os sentimos. Assumimos a mesma atitude em relação a instituições sociais, atribuindo importância primordial às causas mais aparentes, embora elas derivem seu poder de outras causas. É uma tendência natural considerar o que vem primeiro na ordem do conhecimento como a primeira coisa na ordem da realidade. E, no caso das intituições políticas, legais e religiosas, nada há de mais manifesto, de mais pungente, que a personalidade daqueles que governaram Estados, esboçaram leis e estabeleceram cerimônias religiosas. Assim, a vontade pessoal de reis, legisladores e profetas parece ser a fonte da qual nasce toda a vida social. Seus atos são realizados à vista de todos; nada há de obscuro a respeito deles. Outros fenômenos sociais, porém, são muito mais difíceis de perceber. Essa é a origem da difundida superstição de que um legislador dotado de um poder quase ilimitado é capaz de criar, modificar e descartar leis a seu bel-prazer. Embora os historiadores modernos tenham demonstrado que a lei deriva do costume, ou seja, da própria vida, por um processo de desenvolvimento quase imperceptível não relacionado às intenções combinadas dos legisladores, essa opinião tem raízes tão profundas na mente humana que muitos insistem nela. Mas aceitá-la é renegar a existência de qualquer ordem determinada nas sociedades humanas, pois se isso fosse verdade, as leis, costumes e instituições não dependeriam da natureza constante do Estado, mas do acaso que deu preferência a um legislador ao invés de um outro. Se os mesmos cidadãos sob um governante diferente pudessem produzir um Estado diferente, isso significaria que a mesma causa, agindo sob as mesmas circunstâncias, teria o poder de produzir efeitos diversos; não haveria elo racional entre os fenômenos sociais.

Nada atrasou tanto a Ciência Social quanto esse ponto de vista, que os filósofos, seja consciente ou inconscientemente, também aceitaram. Os outros obstáculos aos quais nos referimos ou que devemos discutir mais adiante não podem ser removidos enquanto este ainda tiver força. Enquanto tudo nas sociedades humanas parecia tão absolutamente fortuito, ninguém teria pensado em classificá-los. Não pode haver tipos nas coisas a menos que haja causas que, embora operantes em diferentes locais e distintas épocas, sempre e em toda parte produzam os mesmos efeitos. E onde está o objeto da Ciência Social se o legislador pode organizar e dirigir a vida social como quiser? O assunto da ciência apenas pode consistir de coisas que tenham uma natureza estável e sejam capazes de resistir à vontade humana. Quando as coisas são infinitamente flexíveis, nada nos impele a observá-las e elas nada oferecem que se preste à observação. Pois se tivessem um caráter próprio, seria impossível manipulá-las à vontade. Isso explica por que, por muito tempo, a Ciência Social era apenas uma arte.

Mas, poder-se-ia argumentar, ninguém jamais negou que a ciência da natureza humana é indispensável a quem quer que queira governar seres humanos. Claro. Mas, como demonstramos, essa ciência deve ser chamada Psicologia e não Ciência Social. Para que esta de fato exista, é preciso supor que as sociedades possuem uma certa natureza que resulta da natureza e do arranjo dos elementos que as compõem, e que é a fonte dos fenômenos sociais. Uma vez que a existência desses elementos é assegurada, nosso legislador desaparece junto com sua lenda.

## [IV]

Entretanto, não basta ter um assunto cientificamente cognoscível. Se tipos e leis permanecem tão escondidos nas profundezas das coisas que não há modo de percebê-los, a ciência dos fenômenos naturais permanecerá eternamente em um estado de mera possibilidade. Antes que ela possa de fato passar a existir, devemos possuir um método apropriado à natureza das coisas estudadas e aos requisitos da ciência.

Não se deve supor que esse método vem espontaneamente no momento em que abordamos uma ciência. Pelo contrário, só o encontramos depois de muitas tentativas. Foi apenas muito recentemente que os biólogos descobriram como estudar as leis da vida com a observação de criaturas vivas reais. A Psicologia também tateou por muito tempo antes de conseguir organizar um método próprio. A Ciência Social enfrenta dificuldades ainda maiores. Os fenômenos de que trata são tão diversos que aquilo que têm em comum parece estar oculto à vista. São tão fluidos que parecem enganar o observador. Causas e efeitos são tão entrelaçados que é necessário tomar um extremo cuidado para desembaraçá-los. Além disso, é impossível fazer experiências com sociedades humanas e não é fácil encontrar um método que possa tomar o lugar do experimento. Fica claro que o método não pode ser estabelecido antes que a ciência comece a tomar forma; o método deriva da ciência, embora também seja indispensável à ciência.

Vamos agora ver até que ponto Montesquieu, no *Espírito das Leis*, obedeceu a essas condições indispensáveis à Ciência.

# Até que ponto Montesquieu definiu o campo da Ciência Social?

**[I]**

    Parece estranho que tenha havido tanta discussão a respeito do propósito de Montesquieu ao escrever seu livro, pois ele afirma seu objetivo em diversos trechos: "Este livro trata das leis, costumes e diversas práticas de todos os povos da Terra. Seu assunto é vasto, pois engloba todas as instituições que vigoram entre os seres humanos". Montesquieu tenta chegar ao fundo dos fenômenos sociais para "buscar as origens e descobrir suas causas morais e físicas". Quanto a representar o papel de legislador, ele afirma com modéstia que isso está além de seus poderes. De fato, toma cuidado particular para não imitar aqueles que tentam reconstruir a sociedade a partir do zero: "Não escrevo para censurar o que quer que esteja estabelecido em qualquer país que seja. Todas as nações encontrarão aqui as razões em que suas máximas se baseiam... Se apenas eu pudesse ter êxito em fornecer a cada homem novas razões para amar seu príncipe, seu país, suas leis; novas razões para torná-lo mais sensível, em toda nação e governo, às bênçãos que recebe, poderia considerar-me o mais feliz dos mortais".

Ele cumpriu tão bem esse objetivo que muitas vezes foi censurado por não achar defeito em nada, por ter respeitado a realidade a tal ponto que nunca se aventurou a julgá-la. Porém, ele estava longe de encarar os assuntos humanos com essa serenidade; os que o acusam de tal indiferença certamente não conseguiram compreender o significado de sua obra. Todavia, ele acreditava que muitos costumes que se afastam dos nossos e que todos os povos europeus atualmente rejeitam têm uma base legítima na natureza de certas sociedades. Afirmava, por exemplo, que a poligamia, falsas religiões, uma forma moderada e humana de escravidão e muitas outras instituições desse tipo haviam sido apropriadas para certos países e períodos. Considerava até mesmo o despotismo, a forma de regime político que mais detestava, necessário aos povos orientais.

Disso não devemos concluir que Montesquieu mantinha-se afastado dos problemas práticos. Pelo contrário, ele próprio declara estar tentando determinar "as instituições mais apropriadas à sociedade e a cada sociedade, as que têm algum grau de virtude em si mesmas e as que não possuem, e das duas práticas perniciosas, qual o é em maior e qual é em menor grau". Isso explica por que o livro não trata apenas de leis, mas também das regras da vida humana; não somente com a Ciência, mas também com a Arte. De fato, ele pode, com certa justiça, ser acusado de não ter conseguido distinguir nitidamente entre Arte e Ciência. Ele não dedica uma parte de seu livro ao que *é* e outra ao que *deveria* ser; Arte e Ciência estão tão misturadas que muitas vezes passamos sem perceber de uma à outra. Na verdade, há dois conjuntos de problemas envolvidos e seu hábito de discuti-los simultaneamente tem suas desvantagens, já que eles exigem métodos diferentes.

Todavia, não é a mesma confusão que reinou entre filósofos anteriores. Em primeiro lugar, a ciência de Montesquieu é de fato Ciência Social. Trata de fenômenos sociais, e não da vida do indivíduo.

Essa nova Ciência não é suficientemente distinta da Arte, mas ao menos existe. E longe de ser sufocada sob problemas que envolvem ação, ela é o principal assunto de seu livro. É a senhora, mas nunca a serva da Arte, e por isso é mais capaz de permanecer fiel a sua natureza específica. O principal objetivo do autor é conhecer e explicar o que existe ou existiu. A maioria das regras que ele define são verdades – declaradas em outra linguagem – que a Ciência já comprovou com seus próprios métodos. Ele não está preocupado com a instituição de uma nova ordem política, mas com a definição de normas políticas. E qual a função da Ciência se não a definição de normas? Como a suprema lei de toda sociedade é o bem-estar de seus membros, e como uma sociedade não pode se preservar sem proteger sua natureza específica, basta descrever essa natureza para determinar por que aquela sociedade deve empenhar-se e o que deve evitar, pois a saúde é sempre desejável e a doença deve ser evitada. Por exemplo: depois de demonstrar que a democracia só é possível em pequenos Estados, Montesquieu não tem dificuldade em determinar que uma democracia deve se abster de estender suas fronteiras. Como pudemos observar, apenas em casos excepcionais a Arte substitui a Ciência sem ampla justificativa.

Além disso, como essas regras são estabelecidas por novos métodos, são muito diferentes daquelas ditadas pelos escritores políticos anteriores, que formularam tipos que supostamente transcendiam todas as considerações de local e época adequadas a toda a humanidade. Estavam convencidos de que uma única forma de regime político, uma única disciplina moral e uma legal, era conforme à natureza de todos os homens, e que todas as outras formas encontradas na história eram más ou, no mínimo, imperfeitas, e deviam sua existência apenas à inexperiência de seus fundadores. Essa necessidade não nos surpreende. Esses escritores ignoravam a história e não conseguiram perceber que os homens não são sempre os mesmos em toda parte, que, pelo contrário, são dinâmicos e diversificados, de forma que diferenças de costumes, leis e instituições são inerentes à natureza das coisas. Montesquieu, porém, compreendeu que as regras da vida variam com as condições de existência. Ao longo de suas investigações ele observou diferentes tipos de sociedade, todas igualmente "normais", e nunca passou por sua cabeça estabelecer regras válidas para todos os povos. Ele adaptou suas regras para cada um dos diferentes tipos de sociedade. O alimento da monarquia é o veneno da democracia. Porém, nem a monarquia nem a democracia são, em si mesmas, superiores a todos os outros regimes políticos. A conveniência de uma ou outra forma de governo depende de condições particulares de época e local.[3]

Como vemos, Montesquieu não era inteiramente indiferente às vantagens das coisas que descreveu. Mas tratava desses problemas segundo um novo método. Não aprovava tudo o que já havia sido feito, mas dividia o que era bom e o que não era baseado em normas derivadas dos próprios fenômenos e, por isso, correspondentes à sua diversidade.

# [II]

Montesquieu traça uma acentuada distinção entre fenômenos sociais e os fenômenos estudados por outras ciências.

Na verdade, ele define leis que derivam da natureza do homem, qualquer que seja a forma particular de sociedade em que ele vive, e que por isso pertencem ao domínio da Psicologia pura. Chama-as de leis da natureza. São elas: o direito de preservar a própria vida ou de viver em paz, o direito de comer, o direito de ceder à atração pelo sexo oposto e o direito de manter relações sociais com seus próximos. Acrescenta que uma certa idéia de Deus é a primeira das leis naturais em importância, senão em ordem cronológica, em-

---

3. Ele, sem dúvida, admira a monarquia porque vê maior arte em sua estrutura que na de outras formas, mas a seu ver isso não é razão suficiente para considerá-la intrinsecamente a melhor forma de Estado. Bem ao contrário, se uma monarquia fosse estabelecida em uma sociedade com um pequeno número de cidadãos, essa sociedade, afirma ele, estaria destinada a desaparecer.

bora sua relação com as outras leis não fique bem clara. De qualquer modo, esses fatores têm seu princípio e fim na vida dos indivíduos e não na da sociedade; no máximo, preparam o caminho para a vida social, pois embora o instinto que nos impele a travar relações com outros homens abra o caminho para a sociedade, ele não produz as formas, a natureza ou as leis da sociedade. As instituições sociais não podem ser explicadas por esses fatores. O tratamento que Montesquieu dá a todo esse problema é apressado e superficial. O tópico não tem relação direta com o tema de seu trabalho. O filósofo passa por ele apenas para definir seu assunto com mais precisão, ou seja, para separá-lo dos problemas relacionados.

Das leis naturais, ele distingue claramente as leis relacionadas à sociedade, às quais dá um nome especial porque não podem ser inferidas pela natureza do homem. Estas são o assunto de seu livro, o verdadeiro objeto de sua busca: incluem o direito das nações, o direito civil, o direito político e todas as principais instituições sociais. Mas devemos ter cuidado ao interpretar a terminologia de Montesquieu. É verdade que ele não aplica o termo *natural* a essas diversas formas de direito, mas isso não quer dizer que ele as considera estranhas à natureza. Para ele, elas se baseiam na realidade, mas não do mesmo modo que as leis naturais, já que resultam não da natureza do homem, mas da natureza das sociedades. Suas causas devem ser buscadas em condições sociais, e não na mente humana. Se, por exemplo, desejamos compreender o direito civil de uma determinada nação, devemos considerar o tamanho de sua população e a natureza dos laços sociais entre seus cidadãos; se nosso objetivo é interpretar seu direito político, devemos examinar as situações respectivas dos governantes e dos cidadãos comuns, etc. Obviamente, como as sociedades são compostas de homens individuais, sua natureza deve depender, em parte, da natureza dos homens. Mas o próprio homem varia de uma sociedade à outra; sua mentalidade não é sempre a mesma, nem seus desejos iguais na monarquia, na democracia ou no despotismo. Se Montesquieu aplicou a palavra "natural" apenas às leis da vida individual – como se as outras leis não merecessem ser chamadas assim – isso deve ser atribuído aos hábitos de seu tempo. Para os filósofos da época, um "estado de natureza" era o estado do homem que vivia sem sociedade, e "leis naturais" eram aquelas às quais o homem se conformava nesse estado. Montesquieu aceitava o uso habitual do termo apesar da ambigüidade que envolvia.

A visão de Montesquieu a respeito dos fenômenos sociais deu origem a uma nova filosofia do direito. Até aquele momento, existiam duas escolas de pensamento. De acordo com uma delas, o direito em geral não tinha raízes na natureza das coisas, mas era estabelecido pela vontade deliberada de seres humanos por meio de algum tipo de acordo original. A outra afirmava que apenas uma parte do direito era natural, ou seja, a parte que podia ser derivada da noção geral de homem. Apenas a natureza do homem individual parecia suficientemente estável e bem definida para servir como uma base sólida para o Direito. Desse modo, essa escola tinha uma opinião muito parecida com a dos filósofos anteriores. Como apenas os princípios básicos – dos quais havia muito poucos – podiam ser relacionados à natureza do homem, as incontáveis leis particulares em que abundavam os códigos das diversas nações eram um produto humano artificial. Esses pensadores, sem dúvida, discordavam de Hobbes, que negava que o homem fosse impelido à vida social por um impulso natural. Acreditavam ainda que as formas políticas e a maioria das instituições sociais, senão a própria sociedade, eram produtos de pura convenção. Montesquieu, por outro lado, declara que não apenas as leis gerais, mas também todo o sistema de leis, passadas e presentes, eram "naturais". Todavia, suas leis não vêm da "natureza" do homem, mas daquela do organismo social. Ele compreendia com espantosa lucidez que a natureza das sociedades não é menos estável e consistente que a do homem e que não é mais fácil modificar o tipo de uma sociedade do que a espécie de um animal. Assim, é bastante injusto comparar Montesquieu com Maquiavel, que via as leis como meros instrumentos que os príncipes podiam usar como lhes aprouvesse. Montesquieu estabeleceu o Direito em uma base tão firme quanto Grócio e seus discípulos, embora, como dissemos, de um modo inteiramente novo.

É verdade que em diversos trechos ele parece falar de certos princípios, inclusive princípios de Direitos civil e político, como se eles fossem auto-suficientes e independentes da natureza das sociedades. "Antes que as leis fossem feitas", ele escreve, "havia relações de possível justiça. Dizer que nada há de justo ou injusto senão o que é ordenado ou proibido por leis positivas é o mesmo que falar que antes da descrição de um círculo nem todos os raios eram iguais."

Não obstante, esse trecho não é, de forma alguma, conflitante com a interpretação apresentada acima. Dizer que os sistemas legais das sociedades têm raízes na natureza não é concluir que não há semelhança entre as leis e costumes de diferentes povos. Assim como todas as sociedades, mesmo as mais dessemelhantes têm algo em comum, também certas leis podem ser encontradas em todas as sociedades. Essas são as leis que Montesquieu considera adequadas à sociedade em geral. Presentes onde quer que a sociedade exista, estão implícitas na própria noção de sociedade e podem ser explicadas por ela. Assim, sua verdade pode ser demonstrada, não importa se foram de fato estabelecidas pelo homem ou se as sociedades existem ou se nunca existiram. Basta concebê-las como possíveis. Em outro trecho, Montesquieu chama a essas leis *de lei* em um sentido absoluto e universal e declara que elas não são mais que a razão humana considerada como o poder que governa todas as sociedades. Elas podem ser deduzidas, pela pura força da razão, a partir da definição de sociedade, logo que se tenha essa definição. Talvez porque possam ser encontradas em todas as nações e sejam concebidas, em certo sentido, como anteriores ao estabelecimento das sociedades, ele não as distingue claramente das leis da natureza.

Há apenas uma objeção justificada a essa doutrina; é que ela divide o Direito e a Ética, que são um só, em duas partes diferentes em origem e em natureza. Não é fácil perceber como elas se unem, principalmente porque muitas vezes estão em desacordo. O Direito natural e o direito civil ou político às vezes exigem atitudes conflitantes. Se não tiverem uma base comum, como se pode decidir a qual obedecer? Montesquieu parece pensar que devemos dar prioridade às leis da natureza.[4] Mas por que a natureza do homem seria mais sagrada em todos os casos do que a da sociedade? Ele deixa a questão sem resposta. Essa dificuldade não existia para os filósofos anteriores, já que estes derivavam o direito de um único princípio. Mas se houver dois princípios, nossa vida é arrastada em duas direções, muitas vezes diametralmente opostas. Há apenas um modo de sair desse impasse, que é pressupor que todas as regras do Direito e do costume, mesmo as pertencentes à vida individual, resultam da existência social. Mas, nesse ponto e em muitos outros, Montesquieu, apesar da inovação de seu ponto de vista, permanece prisioneiro das concepções mais antigas.

---

4. Ver Livro XXVI, caps. 3, 4 e, especialmente, 5.

# A classificação das sociedades por Montesquieu

## [I]

Montesquieu não classificou as sociedades, mas antes os modos como são governadas. Conseqüentemente, ele simplesmente utilizou as categorias tradicionais com ligeiras modificações. Distinguiu três tipos: a república – que inclui aristocracia e democracia –, a monarquia e o despotismo. Comte o criticou duramente por deixar de lado o plano estabelecido no início do livro e retomar uma concepção aristotélica.[5] Mas, se examinarmos a obra mais de perto, perceberemos que a semelhança com Aristóteles é apenas aparente.

Para começar, sua classificação não é, como a deste, baseada no número de governantes. Montesquieu considera a democracia e a aristocracia como variedades de um mesmo e único tipo, embora na primeira todos os cidadãos participem do governo e na última apenas um pequeno número. Mas, embora o poder esteja nas mãos de uma única pessoa, tanto na monarquia quanto no despotismo, essas formas não são apenas dessemelhantes, mas também antagônicas. Muitos críticos disseram que essa distinção é confusa e ambígua, e

---

5. *Cours de philosophie positive*, IV, 181 (ed. Schleicher, IV, 129).

essa acusação seria justificada se fosse verdade que Montesquieu levava em consideração apenas os regimes políticos das sociedades. Mas o alcance de sua visão é muito mais amplo, pois, da forma como os descreve, os três tipos de sociedade diferem não apenas no número de seus governantes e na administração dos negócios públicos, mas em sua natureza como um todo.

Pode-se perceber isso logo que vemos o modo como distingue um do outro. Aristóteles e seus seguidores derivam sua classificação de uma noção abstrata de Estado, porém Montesquieu baseia-se nos próprios fenômenos. Ele não deduz seus três tipos a partir de um princípio *a priori*, mas de uma comparação das sociedades que conheceu com seus estudos de História, em relatos de viajantes ou em suas próprias viagens. E, de fato, o significado que dá aos termos nos escapa, a menos que descubramos primeiro a quais nações ele se refere.

Ele não dá o nome de "república" a todas as sociedades administradas por todos ou parte de seus membros, mas às cidades-estado gregas e italianas da Antiguidade e às grandes cidades italianas da Idade Média. Todavia, ele está preocupado principalmente com as antigas cidades-estado, e sempre que se refere à forma republicana fica claro que tem em mente Roma, Atenas e Esparta. Isso explica por que atribui tanto à democracia quanto à aristocracia a categoria de repúblicas. Como ambas as formas eram encontradas nas antigas cidades-estado e, em alguns casos, uma até mesmo sucedia a outra na mesma nação, não era possível separá-las completamente. Na verdade, as nações bárbaras, embora freqüentemente governadas por todo o corpo dos cidadãos, não foram, como veremos, incluídas na citada categoria, e podemos ter certeza de que se Montesquieu estivesse familiarizado com a forma política da França atual ele não a teria considerado republicana.

Quanto à monarquia, ele só encontra essa estrutura social entre as grandes nações da Europa moderna. Ele demonstra que ela não podia ser conhecida pelos povos da Antiguidade e que apareceu pela primeira vez quando os germânicos invadiram e dividiram o Império

Romano. Obviamente, ele sabia que os gregos e latinos haviam sido governados por reis por muito tempo, mas a natureza de seu regime parecia-lhe algo bem diferente da verdadeira monarquia. Quanto ao despotismo, embora em certo sentido pudesse aparecer em qualquer forma política por meio da corrupção, ele acredita que tivesse existência natural apenas no Oriente. Tinha em mente os turcos, os persas e muitos outros povos asiáticos, aos quais devem ser somadas as nações da Europa Setentrional. Mas quem poderia duvidar que as antigas cidades-estado, os reinos orientais e as nações européias modernas representam três tipos totalmente distintos de sociedade?

## [II]

Montesquieu distingue os três tipos de sociedade não apenas porque são governadas de forma diferente, mas também porque diferem em número, arranjo e coesão de suas partes componentes.[6]

A forma republicana prosperou em pequenas cidades e nunca conseguiu estender-se além de seus estreitos limites; as cidades da Antiguidade são exemplos dessa forma. O Estado despótico, por outro lado, é encontrado em grandes sociedades que se estendem por vastas áreas – as nações asiáticas, por exemplo. O Estado monárquico é de tamanho médio e, embora tenha uma população maior que a república, tem menos súditos que o despótico.

Além disso, a estrutura dessas diversas sociedades não é sempre a mesma, nem seus membros são unidos pelos mesmos laços. Em uma república, particularmente em uma democracia, todos os cidadãos são iguais e mesmo indistintos. A cidade-estado parece ser uma espécie de bloco formado por componentes homogêneos, nenhum superior aos outros.[7] Todos zelam igualmente pelo bem comum. Aqueles que ocupam posições de autoridade não estão acima

---
6. Sabemos que esses são os elementos que o próprio Durkheim usa como base para aquilo a que chama "morfologia social". [Nota do tradutor para o inglês]
7. É a isso que Durkheim chama, na *Divisão do trabalho social,* "solidariedade mecânica". [Nota do tradutor para o inglês]

dos outros, pois exercem o ofício apenas por um determinado período. Mesmo na vida privada há pouca diferença entre eles. De fato, é o princípio da república, ou ao menos o objetivo pelo qual ela se empenha, que os recursos pessoais de um homem não excedam em muito os de seus concidadãos; pois embora seja difícil atingir a igualdade absoluta, as leis de qualquer república formam uma barreira a diferenças excessivas de fortuna, e essa igualdade seria impossível sem restrições à riqueza individual. Os bens de todos os homens devem ser modestos se tiverem de ser mais ou menos iguais. "Como todo indivíduo deve gozar da mesma felicidade e das mesmas vantagens", diz Montesquieu, "eles devem, conseqüentemente, provar os mesmos prazeres e formar as mesmas esperanças, o que só se pode esperar de uma frugalidade geral".

Em tal Estado, as fortunas privadas não representam um papel importante na vida e no pensamento dos indivíduos, que estão mais preocupados com o bem-estar comum. Assim, a principal fonte de diferença entre os homens é eliminada. Até mesmo a vida privada é mais ou menos a mesma para todos; a condição modesta de todos os cidadãos, estabelecida por lei, elimina quase todo o estímulo ao comércio, que mal pode existir sem uma certa desigualdade. Conseqüentemente, a atividade de todas as pessoas é aproximadamente a mesma. Eles lavram um pedaço de terra, que é do mesmo tamanho para todos, e dali retiram a subsistência. Em suma, não há divisão de trabalho entre os membros do corpo político, a menos que apliquemos o termo à rotação do ofício público.

Esse é notavelmente um retrato da democracia. Quanto à aristocracia, Montesquieu a considera uma forma corrompida de democracia (quanto mais se pareça com uma democracia, mais perfeita é), e podemos, por isso, deixá-la de lado.

É fácil imaginar o que a vontade unânime dos cidadãos pode realizar em uma sociedade assim. A idéia da nação é a principal no espírito dos homens. Como praticamente não há propriedade privada, o indivíduo é indiferente ao lucro pessoal. Não há partidos antagônicos para criar a desunião entre os cidadãos. Essa é a *virtude* que

Montesquieu considera a base da república. Ele não se refere à virtude ética, mas à virtude política que reside no amor pelo país e leva os homens a pôr os interesses do Estado acima dos próprios. O termo se presta a críticas, pois é ambíguo, mas o uso que dele faz Montesquieu não deve nos surpreender. Nós mesmos não o aplicamos a qualquer atitude moral que estabeleça limites ao interesse pessoal? Em uma república, em todos os casos, todos os cidadãos devem necessariamente ter essa mesma atitude, já que todos têm o "espírito social" – se pudermos usar esse termo – e em vista da frugalidade geral, o amor-próprio não tem do que se alimentar. A parte da consciência individual que é uma expressão da sociedade e que é a mesma para todas as pessoas é ampla e poderosa. A parte relacionada ao indivíduo e seus assuntos pessoais é fraca e limitada. Os cidadãos não têm de ser estimulados por uma força externa, mas por um impulso natural subordinam seus próprios interesses aos do Estado.

A natureza da monarquia é bastante diferente. Nela, todas as funções da vida pública, assim como as da vida privada, são divididas entre as diversas classes de cidadãos. Alguns se ocupam de agricultura; outros, de comércio; outros, ainda, das diversas artes e ofícios. Alguns fazem as leis, outros as executam como juízes ou governantes e ninguém tem a permissão de afastar-se de seu papel ou de prejudicar o dos outros. Assim, a monarquia não pode ser definida como o poder de uma só pessoa. Montesquieu acrescenta que mesmo que uma sociedade seja governada por um único indivíduo, não deve ser chamada monarquia a menos que tenha leis estabelecidas segundo as quais o rei governa e que ele não pode modificar arbitrariamente. Isso pressupõe que haja ordens estabelecidas que limitem seu poder. Embora ele seja superior a elas, elas devem ter um poder próprio e não estar tão abaixo a ponto de não poder resistir a ele. Pois se não houvesse barreiras à autoridade do príncipe, não poderia haver lei limitando sua vontade, já que as próprias leis dependeriam inteiramente dela. É esse o princípio que distingue a monarquia de outros regimes políticos. A *divisão de trabalho*, que não existe na república, tende a seu desenvolvimento máximo na monarquia. A sociedade monárquica pode ser comparada a um organismo vivo, do qual cada parte realiza uma função específica de acordo com sua natureza. Isso explica por que Montesquieu considera a liberdade política peculiar à monarquia. As classes – ou, para usar um termo contemporâneo, os *órgãos* – do corpo social limitam não apenas a autoridade do príncipe, mas também uns aos outros. Como cada um é impedido pelos outros de tornar-se demasiado poderoso e absorver todos os poderes do organismo, ele é livre para desenvolver sua natureza especial, mas com moderação. Estamos agora em posição de entender o papel representado pela famosa teoria da divisão de poderes no pensamento de Montesquieu. É simplesmente uma forma particular do princípio de que as diversas funções públicas devem ser realizadas por diferentes pessoas. Se Montesquieu atribui tanta importância à distribuição da autoridade, não é para eliminar toda discordância entre os diversos poderes, mas antes para forjar uma tal rivalidade que nenhum dentre eles possa ser capaz de erguer-se acima dos outros e reduzi-los à insignificância.

O vínculo social em uma monarquia não pode ser o mesmo que o de uma república. Como cada classe se relaciona a uma área limitada da vida social, ela nada vê além da função que realiza. A mente dos homens está imbuída da idéia de sua classe, não da do país. Cada ordem tem apenas um objetivo, que não é o bem comum mas o autoenaltecimento. Mesmo o indivíduo privado preocupa-se principalmente com seus próprios interesses. Enquanto na república a igualdade de todos os cidadãos resulta inevitavelmente em uma frugalidade geral, a diversidade de condições característica da monarquia desperta a ambição. Quando há diversos graus de posição, honra e riqueza, cada indivíduo tem diante de seus olhos pessoas com um padrão de vida superior ao seu e que inveja. Assim, os membros da sociedade ignoram o bem-estar geral em favor de seus interesses pessoais, de forma que inexistem as condições para aquela *virtude* que é o fundamento da república. Mas essa mesma diversidade das partes componentes contribui para a coesão. A ambição que promove a rivalidade entre as classes e indivíduos também as leva a realizar suas funções particulares da melhor maneira possível. Desse modo, trabalham inconscientemente para o bem comum, embora em sua mente estejam promovendo apenas seus interesses pessoais. A emulação resulta em uma harmonia entre os diferentes elementos da sociedade.

Montesquieu chama a esse estímulo à vida pública em uma monarquia *honra*. Usa o termo para designar as ambições particulares de indivíduos ou classes que fazem os homens se empenhar para atingir a condição mais elevada possível. Essa atitude só é possível se os homens tiverem uma certa preocupação com a dignidade e a liberdade. Assim, a *honra* não deixa de ter sua grandeza, mas pode dar origem a um amor-próprio excessivo e tornar-se facilmente um defeito. Em diversos trechos, Montesquieu fala com uma certa severidade de *honra* e dos costumes monárquicos em geral. Todavia, ele não tem a intenção de depreciar a monarquia. Esses inconvenientes nascem somente do desenvolvimento dos negócios particulares e da maior liberdade de que gozam os indivíduos na busca de seus interesses. A *Virtude*, para ele, é tão rara e difícil de atingir que o governante prudente deve usá-la com a maior das cautelas. Essa sábia organização da sociedade, que sem exigir a virtude estimula os homens a grandes empreendimentos, é tão admirável, na opinião de Montesquieu, que ele prontamente lhe perdoa certas imperfeições.

Pouco direi sobre o despotismo, já que o próprio Montesquieu parece ter se preocupado menos com ele. Essa forma de governo fica a meio caminho entre as sociedades que acabamos de discutir. Um despotismo pode ser uma variedade de monarquia em que todas as ordens foram abolidas e não há divisão de trabalho ou uma democracia em que todos os cidadãos, exceto o governante, são iguais, mas iguais em estado de servidão. Por isso, tem o aspecto de um monstro, no qual apenas a cabeça é viva, tendo absorvido todas as energias do organismo. O princípio da vida social nessa sociedade não pode ser a *virtude*, porque o povo não participa dos assuntos da comunidade, nem a *honra*, porque não há diferenças de condição. Se os homens concordam com uma sociedade assim, é porque se submetem passivamente à vontade do príncipe, ou seja, somente por *medo*.

O que foi dito basta para deixar claro que Montesquieu distinguia tipos definidos de sociedade. Isso seria ainda mais evidente se entrássemos em detalhes, pois eles não diferem apenas em princípios estruturais, mas em todos os aspectos da vida. Costumes, práticas religiosas, família, casamento, criação de filhos, crimes e castigos não são iguais em uma república, em uma monarquia ou em um despotismo. Montesquieu parece ter se interessado mais pelas diferenças entre as sociedades que por suas semelhanças.

## [III]

O leitor pode se perguntar por que, se Montesquieu de fato classificou e descreveu tipos de sociedades, ele as definiu assim e lhes deu esses nomes. Ele não as distingue e nomeia baseado na divisão do trabalho ou na natureza de seus laços sociais, mas apenas de acordo com a natureza da autoridade soberana.

Esses diferentes pontos de vista não são incompatíveis. Era necessário definir cada tipo em termos de sua propriedade essencial, a partir da qual as outras se seguiriam. À primeira vista, a forma de governo parece atender a essa condição. Nenhum aspecto da vida pública é mais aparente, mais evidente a todos. Como o governante está no topo, por assim dizer, da sociedade, e é muitas vezes, não sem razão, chamado de "cabeça" da nação, tudo, acredita-se, depende dele. Além disso, os predecessores de Montesquieu ainda não haviam descoberto nenhum outro aspecto dos fenômenos sociais que pudesse servir como um princípio de classificação e, apesar da originalidade de sua abordagem, foi-lhe difícil romper inteiramente com o ponto de vista antigo.

Assim se explica por que ele classificou as sociedades de acordo com a forma de governo. Na verdade, esse método está sujeito a muitas objeções. A forma de governo não determina a natureza de uma sociedade. Como demonstramos, a natureza do poder supremo pode ser modificada, ao passo que a estrutura social permanece intocada, ou, inversamente, ela pode permanecer idêntica em sociedades que diferem ao extremo. Mas o erro reside nos termos mais do que nas realidades, pois além do regime político Montesquieu menciona muitas outras características pelas quais as sociedades podem ser diferenciadas.

Se deixarmos de lado sua terminologia, provavelmente não poderemos encontrar algo mais confiável ou mais penetrante em todo o trabalho do que essa classificação, cujos princípios são válidos até hoje. As três formas de vida social descritas constituem três tipos realmente distintos e ele dá um relato bastante exato de suas naturezas específicas, assim como das diferenças entre eles. Obviamente não havia tanta igualdade e frugalidade nas antigas cidades-estado quanto supôs Montesquieu. Mas é verdade que naquelas sociedades o escopo dos interesses privados era mais limitado e os assuntos da comunidade ocupavam um lugar maior que nas nações modernas. Montesquieu tinha uma admirável compreensão do fato de que o cidadão individual de Roma e de Atenas tinha pouquíssimas posses pessoais e que isso contribuía com a unidade social. Na sociedade moderna, por outro lado, a vida individual tem um campo mais amplo. Cada um de nós tem sua própria personalidade, opiniões, religião e modo de vida; cada um traça uma distinção profunda entre si próprio e a sociedade, entre suas preocupações pessoais e os assuntos públicos. Por isso, a solidariedade social não pode ser a mesma, nem pode vir da mesma fonte; ela resulta da divisão de trabalho, que torna os cidadãos e a ordem social dependentes uns dos outros. Com grande visão, Montesquieu distingue aquilo a que chama de governo despótico de outros tipos de organização, pois os impérios persa e turco nada tinham em comum com as cidades gregas e italianas ou com as nações cristãs da Europa.

Pode-se argumentar, porém, que o governo despótico é simplesmente uma forma de monarquia, pois mesmo em uma monarquia o rei tem o direito de modificar leis, de forma que sua vontade é a lei suprema. Mas as estruturas dessas sociedades são bastante distintas. As diferenças de condição peculiares à monarquia não existem no Estado despótico. Além do mais, em uma monarquia não é importante o fato de o rei ter ou não o direito de modificar as leis; na prática real ele não pode fazê-lo porque seu poder é limitado pelo poder das ordens. Já se objetou, com razão, que nenhum déspota jamais teve poder ilimitado. Mas o próprio Montesquieu corrige sua primeira definição e reconhece que mesmo em um Estado despótico há certos controles sobre o poder soberano, embora sejam diferentes dos que agem na monarquia, já que não têm sua fonte no poder das diversas ordens, mas na autoridade suprema e única representada pela religião, não apenas junto ao povo, mas também no espírito do déspota. Sem sombra de dúvida, a religião tem esse poder nessas sociedades. Ela não apenas independe da vontade do príncipe, mas também, como Montesquieu observa com pertinência, é a fonte de seu poder exorbitante. Assim, não surpreende perceber que a religião limita seu poder.

Para compreender claramente o ponto de vista de Montesquieu sobre esse assunto, devemos acrescentar um quarto tipo de sociedade, que seus comentaristas costumam ignorar mas que requer nossa atenção por ser a fonte da monarquia. Consiste nas sociedades que vivem da caça ou da criação de gado. São diferentes das outras em muitos aspectos importantes. Por exemplo, sua população é muito pequena; a terra não é dividida entre os membros; não têm leis, mas apenas costumes; os anciãos têm a autoridade suprema, mas são tão ciosos da liberdade que não toleram um poder duradouro. Inquestionavelmente essas são características de sociedades inferiores – poderiam ser classificadas como democracias inferiores. Montesquieu divide esse tipo em duas categorias: quando os homens vivem dispersos em pequenas sociedades sem ter laços entre si, ele os chama *selvagens*; quando vivem em sociedades, unidos para formar um todo maior, ele os denomina *bárbaros*. Os primeiros geralmente são caçadores; os últimos, são criadores de gado.

A classificação das sociedades de Montesquieu é apresentada na tabela que se segue:

SOCIEDADES

| | | |
|---|---|---|
| Com um poder soberano claramente definido | Monarquia | |
| | República | — Aristocracia |
| | | — Democracia |
| | Despotismo | |
| Sem um poder soberano claramente definido | Povos bárbaros | |
| | Povos selvagens | |

Deve-se considerar esta tabela e a ampla variedade de povos que ela abrange para perceber que Montesquieu não utilizou simplesmente a classificação de Aristóteles com leves alterações, mas produziu um sistema original.

# Até que ponto Montesquieu acreditava que os fenômenos sociais estão sujeitos a leis definidas?

**[I]**

    Montesquieu não se limita a classificar as sociedades. Ele acredita que os fenômenos sociais, sobretudo aqueles de que trata especialmente, recaem em uma ordem determinada e são, por isso, adequados a uma interpretação racional. Essa idéia é declarada no início do livro, em que encontramos a famosa definição: "Leis são relações necessárias que surgem da natureza das coisas". Essa definição se aplica não apenas às leis da natureza, mas também às que governam as sociedades humanas.

    De acordo com Augusto Comte, Montesquieu subseqüentemente se afasta desse princípio, resultando em que nenhuma ordem pode ser percebida na massa de fatos que acumulou.[8] Essa acusação é infundada. Sempre que Montesquieu formula uma lei, mostra que ela

---

8. *Cours de philosophie positive*, ed. Schleicher, IV, 181.

depende de condições definidas. Estas são de dois tipos: primeiro, as inerentes na natureza das coisas às quais a lei pertence; por exemplo, a natureza do comércio se ela pertence ao comércio, a da religião se tem a ver com religião; e em segundo lugar, as condições mais extensas e importantes inerentes à natureza da sociedade envolvida. Como já dissemos, a maioria das leis não pode ser as mesmas em uma monarquia e em uma república ou em um Estado despótico. Entre os povos inferiores as leis sequer existem. Dado o tipo de Estado, o sistema de leis deve necessariamente seguir-se.

Montesquieu leva ainda mais longe essa seqüência causal. Não contente em mostrar que as leis dependem da forma da sociedade, ele busca as causas das quais a própria forma da sociedade depende e, entre essas causas, aquela que representa o papel principal, ou seja, o volume da sociedade.

Consideremos, por exemplo, uma sociedade confinada a limites estreitos. Os assuntos da comunidade estão em todos os momentos presentes à vista e na mente de cada cidadão. Como as condições de existência são aproximadamente as mesmas para todos – pois em tal sociedade a simples falta de espaço torna a diversidade impossível – o modo de vida é mais ou menos o mesmo para todos. Mesmo os que estão no poder são apenas *primi inter pares*, pois são investidos apenas de uma autoridade limitada conforme aos limites da sociedade. Sempre presente no espírito de todos, o pensamento de seu país tem muita força porque não é limitado por qualquer outro. Essa é claramente uma descrição da república. Mas se a sociedade cresce, tudo muda. Fica mais difícil para o cidadão individual ter um sentimento de bem público, pois ele percebe apenas uma pequena parte dos interesses do país. A diferenciação crescente da sociedade dá origem a posições e objetivos divergentes. Mais que isso, o poder soberano se torna tão grande que a pessoa que o exerce está muito acima das outras. A sociedade não pode deixar de mudar da forma republicana para a monárquica. Mas se o volume aumenta ainda mais e se torna excessivo, a monarquia abre caminho ao despotismo, pois um vasto império não pode sobreviver a menos que o príncipe tenha um poder absoluto que o capacite a manter a unidade entre populações espalhadas por uma área tão ampla. É tão próxima a relação entre a natureza de uma sociedade e seu volume que o princípio peculiar a cada tipo deixa de agir se a população aumenta ou diminui em excesso.

Obviamente, muitas objeções aparecem nesse momento. Muitas nações cuja população é limitada ou mesmo bastante pequena são governadas por déspotas. Outras, como a nação judaica, cuja população era bem maior que as das cidades gregas e italianas, tinham uma certa forma de organização democrática. E se olharmos em detalhe, muitas vezes descobrimos algo bastante vago e incerto na própria explicação. Apesar disso, Montesquieu demonstra grande percepção ao atribuir essa influência ao número de unidades sociais. Esse fator é realmente da maior importância para determinar a natureza das sociedades e, em nossa opinião, está na origem das maiores diferenças entre elas. A religião, a ética, o direito, a família, etc. não podem ser os mesmos em uma sociedade grande e em uma pequena. Há um ponto, porém, que Montesquieu deixou de notar, ou seja, que o essencial não é o número de pessoas sujeitas à mesma autoridade, mas o número ligado por algum tipo de relacionamento. Pois por maior que seja o número de pessoas que obedece a um mesmo líder, se a distância ente grupos for tão grande que só possa haver pouca ou nenhuma relação entre eles, o tamanho da população não tem qualquer efeito.

Montesquieu menciona muitos outros fatores que afetam a natureza das sociedades, e foi neles que os comentaristas concentraram sua atenção. Por exemplo, há a característica geográfica do território. Planícies amplas e ininterruptas favorecem o estabelecimento do Estado despótico porque grandes impérios podem se espalhar mais facilmente em um terreno desse tipo. Regiões montanhosas e ilhas, por outro lado, são cidadelas de liberdade porque montanhas e mar são obstáculos à autoridade de um líder. Não apenas a topografia, mas também a natureza do solo deve ser levada em consideração.

Um solo estéril é propício à indústria e à frugalidade, o que abre caminho à república. Um solo fértil, por outro lado, estimula o interesse próprio e o amor pela riqueza e conduz à monarquia. Um solo excessivamente fértil convém às formas inferiores de democracia, pois uma vez que é naturalmente produtivo não precisa ser cultivado, nem, conseqüentemente, dividido entre os membros do grupo. Por fim, um clima quente debilita a mente e o corpo e força os homens à servidão.

Esses fatores parcialmente determinam não apenas a natureza de uma sociedade e sua estrutura legal em geral, mas mesmo a substância de leis em particular. Assim, um clima extremamente quente dá origem à escravidão civil, à poligamia e a determinados costumes domésticos. A indiferença de mente e corpo resultante traz a imutabilidade das leis, das práticas religiosas e dos costumes. Isso explica por que o comércio é tão diferente no Oriente e na Europa.

Embora Montesquieu não ponha a topografia e o clima no mesmo grau que o tamanho da população e embora reconheça que são dominantes apenas entre povos selvagens, deve-se admitir que sua influência não foi, em parte alguma, tão grande quanto ele pensava. A virtude doméstica, política e privada é encontrada em países totalmente diferentes em clima e fertilidade do solo. Todavia, mesmo esse exagero mostra o quanto Montesquieu achava que os fenômenos sociais estão sujeitos a leis definidas.

O que foi dito até agora pode ser resumido da seguinte forma: o tipo de sociedade, as leis e instituições de um país podem ser deduzidos a partir do tamanho de sua população, de sua topografia, clima e solo.

Mas discutimos apenas uma parte da doutrina apresentada por Montesquieu no *Espírito das Leis*. Vamos passar a uma outra, que parece contradizer a primeira. A contradição deve ser examinada muito de perto, pois nos permitirá obter uma compreensão melhor não apenas das idéias de nosso autor, mas também das dificuldades encontradas pelo desenvolvimento da Ciência Social, não somente no tempo de Montesquieu, mas também no nosso.

# [II]

Como vimos, logo que nos certificamos de que há uma ordem determinada na existência social, necessariamente reduzimos o papel do legislador. Pois se as instituições sociais vêm da natureza das coisas, não dependem da vontade de qualquer cidadão ou cidadãos. Na obra de Montesquieu, porém, o legislador aparece como o indispensável artesão das leis. Em diversas passagens, ele fala das leis de Roma, Esparta e Atenas como se elas tivessem sido criadas com todas as peças por Rômulo, Numa, Sólon e Licurgo. Quando, em outra obra, ele conta o início da história do Estado romano, assume como princípio que as instituições das novas nações são criadas pelos líderes e que apenas depois os líderes são formados pelas instituições. Por essa razão, ele distingue claramente entre leis e costumes: os costumes surgem espontaneamente a partir da existência social; as leis são estabelecidas pela vontade espontânea do legislador. Esse é o sentido da seguinte afirmação no primeiro capítulo do livro: "Formado para viver em sociedade, ele poderia esquecer seus deveres sociais; e por isso os legisladores o confinam a seus deveres". Obviamente, Montesquieu não acreditava que as leis pudessem ser feitas arbitrariamente; afirmava que os costumes e com a religião estavam acima do poder do legislador e que mesmo as leis relacionadas a outros assuntos tinham de ser compatíveis com os costumes e com a religião. Mas o verdadeiro estabelecimento dessas leis está nas mãos do legislador. Há até mesmo sociedades em que não apenas as leis, como também a religião e os costumes podem, até certo ponto, ser moldadas pelo príncipe. Embora isso seja raro, a afirmação mostra a importância dada por Montesquieu à autoridade política.

Isso pode ser facilmente entendido se perguntarmos o que Montesquieu queria dizer ao declarar que as leis humanas surgem da natureza das coisas – porque isso pode ser interpretado de duas maneiras. Pode querer dizer que as leis se seguem à natureza das coisas – ou seja, das sociedades – assim como um efeito se segue à causa que o produz; ou ainda, pode querer dizer que são simplesmente instrumentos que a natureza da sociedade exige para se realizar, ou seja, para atingir seu fim. Em outras palavras, será que teríamos de entender que o estado da sociedade é a causa eficiente das leis ou apenas sua causa final? Montesquieu parece nem mesmo suspeitar que possa existir o primeiro significado. Ele não diz que as leis de uma democracia resultam necessariamente do número limitado de seus cidadãos assim como o calor resulta necessariamente do fogo, mas antes que apenas elas possibilitam a frugalidade e a igualdade gerais que estão na natureza desse tipo de sociedade. Disso também não advém que as leis podem ser feitas arbitrariamente, já que, sob determinadas condições sociais, apenas um corpo de leis é apropriado e nenhum outro poderia ser imposto a uma sociedade sem corrompê-la. Mas o que é adequado a uma sociedade em particular pode ser determinado apenas por homens que tenham uma visão perspicaz de sua natureza e sejam capazes de indicar por que objetivo ela deve se empenhar e como. Essa é a tarefa dos legisladores. Assim, não é de surpreender que Montesquieu lhes atribua uma certa primazia. Se supusermos, porém, que as leis são produzidas por causas eficientes das quais os homens muitas vezes podem não estar conscientes, a função do legislador é reduzida. Ela consistirá, então, simplesmente de expressar com clareza superior aquilo que é fracamente percebido pela mente dos outros. Mas o legislador nada produz – ou quase nada – de novo. Mesmo que ele não existisse, seria preciso haver leis, mesmo que fossem menos claramente definidas. Todavia, somente ele pode redigi-las. Certo. Mas ele é apenas o instrumento de sua promulgação, não sua causa geradora.

Este não é lugar certo para discutir se há instituições sociais que dependam inteiramente de causas finais. De qualquer modo, podemos ter a certeza de que existem muito poucas. A vida social inclui tantos fenômenos que não há mente capaz de considerá-los todos. Por isso, não existe um modo fácil de prever o que seria útil e o que seria prejudicial. Mesmo se esse cálculo não estivesse, na maior parte, além dos poderes da mente humana, ele seria tão obscuro que pouco influenciaria as ações deliberadas dos homens. Os fenômenos sociais não são, via de regra, produto de ação calculada. As leis não são dispositivos pensados pelo legislador porque parecem estar em harmonia com a natureza da sociedade. Elas surgem com mais freqüência de causas que as engendram por um tipo de necessidade física. Em conseqüência da situação particular da sociedade, a vida comunal deve necessariamente assumir uma certa forma definida. Essa forma é expressa pelas leis, que assim acabam por ter a mesma inevitabilidade das causas eficientes. Negá-lo seria admitir que a maioria dos fenômenos sociais, particularmente os mais importantes, não têm qualquer causa. As leis adequadas à sociedade romana nunca poderiam ter sido deduzidas a partir do pequeno tamanho da Roma primitiva. A igualdade e a frugalidade, que de acordo com Montesquieu eram impostas pelas leis, não foram criadas por essas leis. Elas resultaram de um modo de vida e foram simplesmente consolidadas pelas leis.

Montesquieu sem dúvida teria visto isso caso reconhecesse que as leis não diferem, em natureza, dos costumes, mas, pelo contrário, derivam deles.[9] São simplesmente costumes mais nitidamente definidos. Como todos sabem, os costumes não são criados deliberadamente, mas engendrados por causas que produzem seus efeitos quase sem conhecimento dos homens. O mesmo se aplica à origem da maior parte das leis. Isso não significa que elas sejam inúteis. Bem pelo contrário. Elas não poderiam continuar fortes se não cumprissem certas funções sociais úteis. Mas não foi essa utilidade que as fez vir a ser. Longe de deliberadamente lutar por ela, os homens em geral

---

9. Na verdade, ele exige que o legislador se conforme aos costumes e ao gênio peculiar de um determinado povo (Livro XIX, caps. 2-6) e mostra que as leis têm uma certa influência na formação dos costumes (*ibid.*, cap. 27). Todavia, ele distingue os dois a ponto de considerar o que foi estabelecido por lei como imutável, exceto pela lei, assim como apenas o costume pode mudar o que pertence ao costume (*ibid.*, cap. 14). Por isso é difícil entender como essas coisas se misturam no caso de certos povos (*ibid.*, cap. 16 e ff.).

não têm muita consciência de sua existência. Sentimos que as regras do direito e do costume são boas, mas se nos perguntassem para que servem, a discussão seria infinita. Embora possamos compreender como uma determinada lei é útil à sociedade, isso não explica sua origem. Por isso, quem quer que limite sua busca às causas finais dos fenômenos sociais perde de vista suas origens e é infiel à Ciência. É o que aconteceria à Sociologia se seguíssemos o método de Montesquieu.[10]

## [III]

As regras do Direito não nascem necessariamente da natureza de uma sociedade, já que permanecem escondidas nas profundezas da realidade a menos que um legislador as distinga e as traga à luz. Mais que isso, de acordo com Montesquieu, elas podem até mesmo assumir uma forma diferente daquela resultante das causas que as produz. Ele atribui às sociedades humanas uma espécie de habilidade para desviar-se de sua própria natureza. Para ele, os homens não observam as leis naturais inerentes à sua constituição com a mesma necessidade das coisas inanimadas, e podem em certas ocasiões sacudir o jugo. Montesquieu introduz assim nos fenômenos sociais um elemento de incerteza que parece, ao menos à primeira vista, irreconciliável com a existência de uma determinada ordem, já que, onde essa incerteza prevalecesse, a relação entre causa e efeito deixaria de ser constante e imutável. É essencial que definamos essa incerteza, pois há razões para temer que ela possa destruir os próprios fundamentos da Ciência Social.

Pode-se supor que Montesquieu apresentou esse princípio porque o julgava indispensável ao conceito de liberdade humana. Mas se essa fosse a verdadeira razão, a incerteza não admitiria exceção e

---

10. Aqui se pode dizer que Durkheim de fato parece demasiado severo com Montesquieu. Ver o ensaio de M. Davy. [Nota do tradutor para o inglês]

se estenderia a toda a vida. Não esperaríamos que nosso autor, que diz tão definitivamente que os homens e as sociedades são governados por leis que ele se esforçou por descobrir, se contradissesse dessa maneira. Mais que isso, parece bastante improvável que seu ponto de vista se baseie em qualquer metafísica. Nada, em todo seu trabalho, sugere a mais leve preocupação com problemas metafísicos. Em nenhuma parte surge a questão do livre-arbítrio. Conseqüentemente, não há razão para supor que uma hipótese filosófica devesse assumir tamanha importância para ele. E há um trecho no primeiro capítulo do livro que vai distintamente contra essa interpretação. Ali, Montesquieu afirma que esse elemento de incerteza não é peculiar ao homem. Ele também o encontra em animais e mesmo as plantas não parecem inteiramente desprovidas dele.

Ele nos conta que ele próprio o concebera apenas como um meio de explicar a origem do erro. Se nunca cometêssemos erros, deveríamos obedecer às leis de nossa natureza sob quaisquer circunstâncias. Se desejamos descobrir o que o levou a essa opinião, devemos antes determinar o que quer dizer com a "natureza das coisas". Ao usar esse termo, ele não se refere a todas as propriedades de uma coisa, mas apenas àquelas que incluem as outras e determinam a espécie à qual a coisa pertence; em suma, sua *essência*. Além disso, ele acredita haver um laço lógico entre a natureza de uma coisa e suas formas normais, estando as últimas implícitas na primeira. Assim, se é verdade que homens e sociedades nunca se desviam de sua natureza, eles serão sempre e em toda parte o que devem ser. Mas tanto a vida individual quanto a vida social são, sob muitos aspectos, imperfeitas. Há leis injustas e instituições defectivas que as sociedades receberam dos erros dos legisladores. Na opinião de Montesquieu, isso tudo parece indicar que o homem tem uma certa faculdade de se desviar das leis da natureza. Isso não justifica falar de fatos que não têm causas. Mas essas causas são fortuitas e, por assim dizer, "acidentais". Por isso não podem ser reduzidas a leis; elas corrompem a natureza das coisas, que as leis, ao contrário, expressam.

O princípio do qual toda essa linha de argumentação depende é certamente falso. Na medida em que esses erros se relacionam à existência social, são simplesmente doenças do organismo social. Mas a doença, assim como a saúde, é inerente à natureza dos seres vivos. Os dois estados não são contrários. Pertencem ao mesmo tipo. Podem, por isso, ser comparados e a interpretação de ambos se beneficia dessa comparação. Mas essa falsa opinião se encaixa tão bem com a aparência externa das coisas que persistiu por muito tempo, mesmo em Psicologia. Como parecia evidente que os seres vivos eram naturalmente saudáveis, concluiu-se que a doença é uma violação do estado da natureza porque é um obstáculo à saúde. Assim, Aristóteles acreditava que a doença, os monstros e todas as formas aberrantes da vida eram o resultado de alguma incerteza obscura. Não seria possível livrar a Ciência Social desse erro de uma vez só, particularmente porque a doença não ocupa, em lugar algum, um lugar tão importante quanto nas sociedades humanas e porque o estado normal não é tão indeterminado em qualquer outro lugar, nem tão difícil de definir.

Assim se explicam diversos trechos em que Montesquieu parece atribuir ao legislador o estranho poder de fazer violência à própria natureza. Por exemplo, em países nos quais o calor excessivo inclina os habitantes à indolência, ele recomenda que o legislador a reprima de todas as maneiras possíveis. Mas embora esse vício nasça de causas físicas, Montesquieu não acha que se opor a ele seria violar as leis da natureza, mas antes que isso representaria um esforço para trazer os homens de volta a sua natureza normal, que é incompatível com essa indolência. Pela mesma razão, ele diz que em sociedades de pessoas soberbas e destemidas devem-se empregar severas punições para diminuir esse ardor. Se o legislador tem todo esse poder em todos esses casos, não é porque as sociedades careçam de leis ou de natureza definida, podendo, portanto, ser organizadas da maneira que ele deseja, mas antes porque sua ação será no sentido de manter a natureza normal do homem e das sociedades e se limitará apenas a auxiliá-la.

Assim, o ponto de vista de Montesquieu não implica uma verdadeira contradição. Ele não diz que uma determinada ordem existe ou falte em relação aos mesmos fatos sociais. Sempre que as coisas são normais, elas seguem leis necessárias, e essa necessidade cessa apenas quando há um desvio do estado normal. Conseqüentemente, o elemento de incerteza não destrói a Ciência Social, mas apenas limita seu alcance. A Ciência Social trata quase que exclusivamente das formas normais de vida em sociedade; na opinião de Montesquieu, as doenças estão praticamente além do alcance da ciência, porque não estão sujeitas às leis da natureza.

Mesmo sua concepção de lei natural, que é fundamental a todas as suas idéias, permanece muito obscura e imprecisa. Leis são as relações necessárias entre as coisas, mas se podem ser violadas às vezes, a necessidade não é mais real, mas puramente lógica. Nesse caso, elas expressarão o que está implicado na definição de uma sociedade, mas talvez a definição não surja racionalmente da natureza da sociedade em questão. Elas nos dirão então o que é racional, em vez do que de fato existe. E realmente, embora Montesquieu, longe de achar que os homens sempre, ou mesmo freqüentemente, se desviam do caminho reto, mostre um tipo de respeito espontâneo pelo que foi confirmado pela experiência geral prolongada, ele reconhece mesmo assim que todos os indivíduos de uma espécie idêntica revelam certas anomalias. Não consegue ver que, o que quer que esteja uniformemente presente em uma espécie inteira, não pode deixar de corresponder a necessidades definidas. Por exemplo: embora a instituição da escravidão existisse em todas as cidades gregas e italianas, ele diz ser repugnante à natureza das repúblicas. Embora apenas os homens gozem do direito de repudiar sua esposa em sociedades nas quais as mulheres vivem em um regime de escravidão doméstica, ele insiste em que nessas mesmas sociedades o contrário deveria ser verdade. Chega até mesmo a dizer que apenas um tipo de sociedade é inerentemente defectivo e corrupto, o despotismo, embora reconheça que é necessário em certos lugares. Sob essas circunstâncias, a ordem que a ciência deve buscar seria diferente de qualquer coisa que já existiu. Conseqüentemente, as leis que a expressam podem ter apenas uma forma ideal, pois demonstram o que deveria ser, e não o que é. Essas leis não são, como as outras leis da natureza, inerentes aos fenômenos, ou antes não são os próprios fenômenos considerados sob um aspecto particular; estão acima dos fenômenos, embora nem sempre sua autoridade seja respeitada.

Nesse aspecto, Montesquieu retorna, até certo ponto – mas apenas até certo ponto – à antiga concepção de Ciência Social. Algumas vezes, na verdade, ele não fica longe de confundir leis naturais com regras que prescrevem a conduta apropriada. Mas está longe de seguir as pegadas dos antigos filósofos que ignoram a natureza como é e montam uma outra natureza própria. Mesmo sem formular um princípio exato a esse respeito, ele compreendeu instintivamente que uma coisa raramente pode ser universal a menos que seja saudável e racional ao mesmo tempo. Foi por isso que tentou, como vimos, descrever e explicar os tipos sociais segundo uma base histórica. Ele não se aventurou a corrigi-los até descobrir algo que lhe parecesse inconsistente com sua essência da forma como a concebera a partir da observação da realidade. Embora a concepção que Montesquieu fazia da lei natural não se estenda à totalidade da existência social, ela se aplica à maior parte dela. Se seu trabalho ainda guarda algo da antiga confusão entre Arte e Ciência, algo vago e incerto, esse defeito só se manifesta ocasionalmente.

# O método de Montesquieu

## [I]

Enquanto a Ciência Social era apenas uma arte, os que escreviam a respeito de questões sociais empregavam principalmente o método dedutivo. A partir da noção geral de homem, eles derivavam a forma de sociedade conforme a natureza humana e os preceitos a serem observados na vida social. É preciso falar um pouco sobre as deficiências desse método. Mesmo na arte, a dedução só fornece hipóteses simples. Se uma regra não tiver sido testada pela experiência, não é possível estabelecer sua utilidade apenas pela razão. Particularmente na ciência – quando distinta da arte – o papel da dedução só pode ser secundário, ao menos quando tratamos de realidades e não de noções abstratas como na Matemática. Obviamente, a dedução nos traz idéias que nos guiam pelas obscuridades da experiência, mas, a menos que essas idéias sejam confirmadas pela observação, não podemos dizer se, de fato, expressam a realidade. O único modo de descobrir as leis da natureza é estudar a própria natureza. Mais que isso, não basta observar a natureza. Ela deve ser questionada, perseguida, submetida a teste de mil e uma maneiras. Como a Ciência Social trata de fenômenos, ela só pode realizar seus objetivos com o método experimental.

Não é fácil adaptar esse método à Ciência Social, pois é impossível fazer experiências com sociedades. Todavia, há um modo de contornar essa dificuldade. Para descobrir as leis da natureza, basta fazer um número suficiente de comparações entre as diversas formas de uma coisa dada. Desse modo, as relações constantes e imutáveis expressas na lei são distintas daquelas que são apenas efêmeras e acidentais. A essência da experimentação é simplesmente variar livremente os fenômenos de forma que ofereçam um campo amplo e rico para comparação. Mas não há objeção a comparar fenômenos sociais da mesma classe da forma como aparecem em diferentes sociedades e notar aqueles que sempre concordam, os que desaparecem simultaneamente e os que variam no mesmo tempo e nas mesmas proporções. Embora não seja possível fazer essas comparações repetidamente, elas podem, mesmo assim, atender à necessidade dos experimentos na Ciência Social.

Embora Montesquieu não tenha discutido o assunto, reconheceu instintivamente a necessidade desse método. Seu propósito ao reunir um grande corpo de dados a partir da história de diversas nações era compará-los e derivar leis deles. De fato, todo seu trabalho é claramente uma comparação das leis observadas pelos mais diversos povos e é perfeitamente correto afirmar que, no *Espírito das Leis,* Montesquieu instituiu um novo campo de estudo, a que agora chamamos *Direito Comparado.*

Embora a dedução tenha dado lugar à experiência em sua obra, ela ainda representa um papel maior do que o permitido pela Ciência. Em seu prefácio, informa o leitor de que pretende tratar da Ciência Social de maneira quase matemática, que ele apresenta princípios dos quais as leis particulares das sociedades derivam-se de maneira lógica. Obviamente, ele percebia que esses princípios deveriam ser tirados da observação da realidade, mas acreditava que toda a ciência estava implícita, por assim dizer, em tal observação, de forma que uma vez derivados os princípios, o edifício poderia ser completado por pura dedução. Não há dúvida de que tentou agir segundo essas linhas.

Examinemos antes de tudo seu modo de usar o método indutivo. Ele não começa reunindo todos os fatos relevantes ao assunto, arranjando-os para que possam ser examinados e avaliados objetivamente. Na maior parte do tempo, ele tenta, por pura dedução, provar a idéia que já formou. Mostra que ela está implícita na natureza ou, se preferir, na *essência* do homem, sociedade, comércio, religião, em suma, na definição das coisas em questão. Apenas então ele apresenta os fatos que, em sua opinião, confirmam sua hipótese.[11] Mas se acreditamos que as relações entre as coisas só podem ser demonstradas por experimentos, não podemos subordinar o experimento à dedução. Não podemos dar primazia a argumentos em que não confiamos e que consideramos relativamente inúteis para fins de demonstração. Primeiro, observamos os fenômenos e apenas depois interpretamos dedutivamente aquilo que observamos.

Se examinarmos as próprias demonstrações de Montesquieu, é fácil perceber que são essencialmente dedutivas. É verdade que ele normalmente confirma suas conclusões com observações, mas toda essa parte de sua argumentação é muito fraca. Os fatos que empresta da História são apresentados de forma breve e sumária e não se esforça para estabelecer sua veracidade, mesmo quando são controversos.[12] Ele os enumera a esmo. Se afirma que não existe relação causal entre dois fatos, não se incomoda em mostrar que em todos ou, ao menos, na maioria dos casos, eles aparecem simultaneamente,

---

11. Qualquer número de exemplos poderia ser citado ao longo do trabalho. Assim, depois de definir os três tipos de sociedade, ele deriva seus princípios das definições. "Isso", escreve ele, "me capacita a descobrir seus princípios que, portanto, derivam-se naturalmente" (Livro III, cap. 2). A partir desses princípios ele infere, então, as leis civis, penais e leis sobre a posição da mulher correspondentes. Cf. os títulos dos Livros VI e VII (Conseqüências dos princípios de diferentes governos em relação à simplicidade das leis civil e criminal, a forma de julgamentos e a aplicação de punições – Conseqüências dos diferentes princípios dos três governos em relação às leis suntuárias, ao luxo e à condição das mulheres).
12. O mesmo vale para o que ele diz a respeito de frugalidade e igualdade entre os antigos, as razões pelas quais os princípios das sociedades são corrompidos e a condição das mulheres (Livro XVI). Todas essas afirmações envolvem inumeráveis dificuldades que não podem ser resolvidas imediatamente.

desaparecem ao mesmo tempo ou variam da mesma maneira. Contenta-se em alegar alguns exemplos que correspondem grosseiramente à lei suposta. Por vezes, chega a atribuir a todo um tipo uma propriedade que observou em apenas uma sociedade. Tome-se, por exemplo, a separação dos poderes. Embora seja encontrada somente na Inglaterra, ele diz que é a característica essencial da monarquia, acrescentando ainda que a liberdade é uma conseqüência dessa separação, embora não saiba se a liberdade de fato existe entre os próprios ingleses. Em suma, em vez de usar a dedução para interpretar o que foi provado pela experiência, ele usa a experiência para ilustrar as conclusões da dedução. Uma vez efetuada a dedução, ele supõe que a demonstração está completa.

Vamos examinar o assunto mais a fundo. Como vimos, Montesquieu acreditava que houvesse certas instituições que, embora existissem ou tivessem existido em diversas sociedades, eram, mesmo assim, inadequadas a essas mesmas sociedades. Mas essa afirmação só pode se basear em uma determinada consideração, ou seja, que para ele aquelas instituições não poderiam ter nascido dos princípios que ele já estabelecera. Mostra que a instituição da escravidão entrava em conflito com a definição de república. Da mesma maneira, detesta o governo despótico porque está em conflito lógico com a essência do homem – e mesmo da sociedade – da forma como a concebe. Em certos casos, portanto, a dedução prevalece sobre a observação e a experiência.

Embora a indução tenha surgido pela primeira vez na Ciência Social com Montesquieu, ainda não estava claramente separada do método oposto e era contaminada pela mistura. Mesmo que Montesquieu tenha aberto uma nova trilha, ele próprio era incapaz de abandonar os caminhos já explorados. Essa ambigüidade metodológica é uma conseqüência da ambigüidade doutrinal a que nos referimos. Se as formas normais de sociedade estão implícitas na natureza da sociedade, podem ser deduzidas a partir de uma definição da natureza da sociedade. A essas necessidades lógicas Montesquieu dá o nome de leis. Em vista dessa afinidade entre fenômenos e a razão humana, a razão basta para a interpretação dos fenômenos. Pode parecer surpreendente que essa natureza íntima dos fenômenos deva ser tão claramente aparente a ponto de poder ser reconhecida e definida nos primeiros estágios de uma ciência, pois normalmente se esperaria essa percepção apenas em uma ciência que tivesse atingido a maturidade. Mas essa conclusão é bastante consistente com os princípios de Montesquieu. Assim como a conexão entre os fenômenos sociais e a essência da sociedade é racional, assim também essa essência, que é a fonte de toda a dedução, é também de natureza racional; ou seja, consiste de uma simples noção que a razão pode perceber em uma olhadela. Montesquieu não percebia plenamente até que ponto, como diz Bacon,* a sutileza das coisas excede a sutileza da mente humana. Isso explica sua enorme confiança na razão e na dedução. Não estamos dizendo que os fenômenos sociais, como tais, são ilógicos. Mas embora possam ter uma certa lógica fundamental, não é a lógica à qual se conforma nosso raciocínio dedutivo. Ela não tem a mesma simplicidade. Talvez observe outras leis. Para aprender essa lógica, devemos consultar as próprias coisas.

A confusão de que falamos tem ainda outra causa. Vimos que as leis da sociedade podem ser violadas. Por isso, não podem ser estabelecidas apenas por meio da observação ou mesmo da comparação de fenômenos. As realidades não são necessariamente racionais, mas as leis são racionais sob todos os aspectos. Por isso, mesmo se alguma coisa for provada pela História, não podemos ter certeza absoluta de que seja verdade. Todas as sociedades do mesmo tipo têm certos defeitos; portanto, é impossível descrever a forma normal dessas sociedades baseado naquilo que encontramos nelas. Se não podemos obter uma visão fiel dos fenômenos através da experiência, a experiência apenas não poderá nos ensinar o que resulta da natureza

---

*N.E.: Sugerimos a leitura de *Francis Bacon – Da Proficiência e o Avanço dos Conhecimentos Divino e Humano*, de Francis Bacon, Madras Editora.

dos fenômenos. Só resta uma saída: devemos tentar atingir a própria essência, defini-la e, a partir da definição, deduzir o que ela implica. Disso não devemos concluir que a observação é inútil, mas antes que ela precisa ser mantida sob suspeita até ser confirmada pela razão e, se por acaso não puder ser confirmada, deve ser rejeitada. Vemos o quanto é indispensável, na Ciência Social, descobrir nos próprios dados alguma indicação definida que nos capacite a distinguir entre doença e saúde. Se não houver esse sinal, somos levados a nos refugiar na dedução e a nos afastar dos fatos concretos.

## [II]

Quer proceda por dedução ou por indução, Montesquieu observa uma regra metodológica que a ciência moderna não deve ignorar.

Os fenômenos sociais são normalmente classificados de acordo com considerações que, à primeira vista, podem parecer totalmente não relacionadas. Religião, direito, moralidade, comércio e administração parecem, de fato, ter diferentes naturezas. Isso explica por que cada classe de fenômenos foi por muito tempo tratada separadamente – e ainda é – como se pudesse ser examinada e explicada por si mesma, sem referência às outras, assim como os físicos não levam a cor em consideração ao tratar do peso. Não se nega que uma classe de fenômenos se relacione às outras, mas as relações são consideradas simplesmente acidentais, de forma que, como a natureza íntima dos fenômenos não pode ser determinada, parece seguro ignorar as relações entre eles. Por exemplo, a maioria dos moralistas trata da moralidade e de regras de conduta como se elas existissem por si mesmas e não se preocupam em considerar o caráter econômico das sociedades em questão. Os que tratam do assunto da riqueza afirmam, de maneira semelhante, que sua ciência, ou seja, a economia política, é absolutamente autônoma e pode prosseguir sem a menor atenção ao sistema de regras a que chamamos ética. Seria possível citar muitos outros exemplos.

Montesquieu, porém, via muito claramente que todos esses elementos formam um todo e que, se tomados separadamente, sem referência aos outros, não podem ser compreendidos. Ele não separa o direito da moralidade, do comércio, da religião, etc. e, acima de tudo, não considera que ele seja distinto da forma de sociedade, que afeta todos os outros fenômenos sociais. Por mais que sejam diferentes, todos esses fenômenos expressam a vida de uma dada sociedade. São os elementos ou órgãos do organismo social. A menos que tentemos compreender como se harmonizam e interagem, é impossível conhecer suas funções. Podemos até mesmo não distinguir suas naturezas, pois eles parecerão realidades distintas, cada um com sua existência independente, embora sejam na verdade partes de um todo. Essa atitude é responsável por certos erros que ainda são comuns entre cientistas sociais. Isso explica por que muitos economistas políticos consideraram o interesse pessoal como o único princípio da sociedade e por que negaram o direito do legislador de interferir em atividades relacionadas ao comércio e à indústria. Inversamente, embora pela mesma razão, os moralistas em geral consideravam os direitos de propriedade fixos e imutáveis, embora, na verdade, dependam de fatores econômicos extremamente variados e instáveis.

Esse erro tinha de ser dissipado antes que a Ciência Social pudesse se desenvolver e mesmo passar a existir. As diversas disciplinas que tratavam separadamente de diferentes categorias de fenômenos sociais de fato prepararam o caminho para a Ciência Social; foi a partir delas que ela pôde se desenvolver. Mas a Ciência Social, no sentido estrito, passou a existir apenas quando se percebeu claramente que os ramos antes mencionados estavam ligados pela estrita necessidade e eram partes de um todo. Mas essa concepção não poderia surgir até que se percebesse que todos os acontecimentos na sociedade estão relacionados. Ao apontar a interrelação dos fenômenos sociais, Montesquieu pressentiu a unidade de nossa ciência – embora sua visão do assunto ainda fosse vaga. Em nenhum ponto ele diz que os problemas de que trata poderiam ser o assunto de uma ciência definida que incluísse todos os fenômenos sociais e tivesse um método e um nome próprios. Mesmo assim, sem suspeitar dessa implicação para seus esforços, ele deu à posteridade uma primeira amostra dessa ciência. Embora não tenha deliberadamente tirado as conclusões implícitas em seus princípios, preparou o caminho para seus sucessores, que, ao instituir a *Sociologia*, pouco mais fizeram que dar um nome ao campo de estudo que ele inaugurara.

## [III]

Existe, todavia, uma noção da qual Montesquieu parece não ter se dado conta e que, em nossa época, transformou o método da Ciência Social, que é a noção de *progresso*. Vejamos o que isso significa.

Quando comparamos diferentes povos, é como se certas formas ou propriedades manifestamente inerentes à natureza da sociedade fossem simplesmente esboçadas entre certos povos e se mostrassem mais claramente em outros. Algumas sociedades são pequenas e espalhadas por grandes áreas; outras são grandes e densas. Algumas não têm uma autoridade firmemente estabelecida; outras têm uma administração de Estado sistematicamente organizada, que faz sentir sua influência por todo o organismo social. Entre esses dois tipos há incontáveis variações intermediárias. No que toca à organização, essas sociedades não estão no mesmo nível, por assim dizer. Algumas podem ser consideradas superiores às outras. Mas já se observou que as sociedades superiores saem das inferiores. Obviamente, não quero dizer que as sociedades formam uma simples série linear que vem dos povos antigos na extremidade inferior até as nações modernas no cume. Seria mais como uma árvore cujos galhos se estendessem em diferentes direções. Mas isso pouco tem a ver com nosso assunto. Mesmo assim, é verdade que as sociedades nascem de outras sociedades e que as mais recentes são superiores às menos recentes. É a isso que se chama progresso da humanidade. As mesmas observações podem ser feitas se considerarmos um único povo em si mesmo. A partir do momento em que passa a existir, ele se desenvolve pouco a pouco em um tipo superior àquele do qual veio. O progresso da natureza humana consiste nesses pequenos desenvolvimentos cumulativos. Todavia, Montesquieu não conseguiu perceber isso. É verdade que não punha todas as sociedades no mesmo nível. Preferia a república e a monarquia ao despotismo, a monarquia à república e a república à democracia dos povos bárbaros. Mas não suspeitava que esses diferentes tipos de sociedade cresciam sucessivamente a partir da mesma raiz. Pensava que cada uma surgia independentemente das outras, exceto a monarquia que, a seu ver, se desenvolve a partir da democracia inferior.[13] Mas essa única exceção mostra o quão afastado ele estava da idéia do progresso, já que a democracia primitiva, que ele considera superior a qualquer outra forma de sociedade,[14] é para ele o tipo original exatamente por ser inferior a todas as outras. Pela mesma razão, embora ele não negue que o princípio social de povos particulares pode ser desenvolvido ou corrompido, acredita, mesmo assim, que esse princípio é determinado quando um povo passa a existir e deve permanecer intacto por toda sua história. Não consegue perceber que toda sociedade contém em si fatores conflitantes, simplesmente porque gradualmente emergiu de uma forma passada e tende para uma futura. Não reconhece o processo em que uma sociedade, sempre permanecendo fiel à sua natureza, está constantemente se tornando algo de novo, daí a singularidade de seu método.

A existência social é determinada por dois tipos de condições. Uma consiste nas circunstâncias presentes, como a topografia ou o tamanho da população. A outra pertence ao passado histórico. Assim como uma criança seria diferente se tivesse outros pais, assim também a natureza de uma sociedade depende da forma das sociedades que a

---

13. Ele diz que a monarquia dos povos germânicos foi resultado da corrupção de seu governo (Livro XI, cap. 8) e que os alemães viveram a vida de povos bárbaros (Livro VIII, caps. 20 e 30; cf. Livro XVIII, cap. 14).
14. É, obviamente, a *démocratie inférieure* que é questionada. [Nota do tradutor para o inglês]

precederam. Se ela for a continuação de sociedades inferiores, não pode ser igual a uma que surgisse de nações altamente civilizadas. Sem conseguir perceber as relações de sucessão e parentesco entre as sociedades, Montesquieu omite completamente as causas desse tipo. Não leva em conta esse *vis a tergo* que impulsiona as sociedades, mas considera apenas os fatores ambientais.[15] Quando tenta interpretar a história de uma sociedade, não a situa em uma série de sociedades, mas cuida apenas da natureza de sua topografia, do número de cidadãos, etc. Isso é totalmente contrário ao método adotado mais tarde por Comte ao tratar do mesmo problema. Comte afirma que a natureza das sociedades depende inteiramente do momento em que elas surgiram e que a Ciência Social consiste quase inteiramente em estabelecer a série das sociedades. Nem é preciso dizer que nenhuma dessas doutrinas expressa mais que uma parte da verdade.

---

15. Ver, sobre todos esses tópicos, *o ensaio neste livro* e o artigo de M. Davy na *Revue de Métaphysique et de Morale* (julho-outubro de 1949): "A explicação sociológica e o recurso à história segundo Comte, Mill e Durkheim", especialmente as pp. 346-53. Citamos aqui o trecho que conclui esse artigo: "A explicação histórica da gênese, com suas fases claramente separadas, de fato completa a explicação mecanística com todas as suas implicações. [Em *Regras do método sociológico*] a causalidade das condições do ambiente social, sobre a causalidade do ambiente, não nos compele de forma alguma a ignorar aquelas do estado anterior no estado atual. Há uma interdependência de influência dos diferentes fatores do presente dos fatores do passado no presente". [Nota do tradutor para o inglês]

# Conclusão

Em sua história da filosofia política, Paul Janet, depois de apresentar a teoria de Montesquieu, queixa-se, com razão, de que a maior parte dos comentaristas se interessou apenas por expor seus erros. Acrescenta que teria sido preferível, e muito mais justo, "ter dado uma idéia detalhada da vastidão e obscuridade do tema que ele escolheu e da força intelectual com a qual ele o tratou".[16] Foi isso que tentamos fazer no atual trabalho. Não discutimos a opinião de Montesquieu em questões de detalhes, mas tratamos apenas do que consideramos sua principal realização. Embora sempre seja um erro retraçar o nascimento de uma ciência a um pensador em particular – já que toda ciência é o produto de uma cadeia ininterrupta de contribuições e é difícil dizer quando exatamente ela passou a existir – mesmo assim, foi Montesquieu quem primeiro estabeleceu os princípios fundamentais da Ciência Social.[17] Não que os tenha afirmado em termos explícitos. Ele especulou muito pouco sobre as condições da ciência que inaugurou. Mas esses princípios e condições são inerentes a suas idéias e não é difícil reconhecê-los e formulá-los.

---

16. *Histoire de la science politique*, (3ª ed., II, 317-19 e 4ª ed., pp. 197-98).
17. Em seu *Cours de philosophie positive* (ed. Schleicher, IV, 178-95), Comte reconhece a grande dívida da Ciência Social a Montesquieu. Todavia, a avaliação que faz da contribuição de Montesquieu é muito breve e, como mostramos, um tanto incorreta. Ela não parece mostrar uma atenção cuidadosa à teoria de seu predecessor.

Vimos quais são. Não apenas Montesquieu compreendeu que os fenômenos sociais são assunto para um estudo científico, como também ajudou a dar forma às duas idéias fundamentais necessárias ao estabelecimento da Ciência Social: as idéias de *tipo* e de *lei*.

Em relação ao *tipo*, Montesquieu mostra que a natureza do poder soberano e da existência social em geral difere de uma sociedade para outra, mas que as diferentes formas podem mesmo assim ser comparadas. Essa é uma condição indispensável para a classificação; não basta que as sociedades manifestem semelhanças de um tipo ou outro; deve ser possível compará-los em toda sua estrutura e existência. Montesquieu não apenas formulou princípios, como também os usou com grande habilidade. A classificação que esboçou contém um considerável elemento de verdade. Mas se enganou em dois pontos. Primeiro, erroneamente supõe que as formas sociais são determinadas pelas formas de soberania e podem ser definidas de acordo. Segundo, afirma que há algo intrinsecamente anormal a respeito de um dos tipos que distingue: o Estado despótico. Esse ponto de vista é incompatível com a natureza de um tipo, pois cada tipo tem sua própria forma perfeita que – dependendo das condições de época e local – tem o mesmo nível da forma perfeita dos outros tipos.

Quanto à noção de *lei*, foi mais difícil transferi-la das outras ciências em que já estava estabelecida para a nossa. Em todas as ciências, a noção de tipo aparece antes da de lei, pois a mente humana pode concebê-la mais rapidamente. Basta olhar em volta para perceber certas semelhanças e diferenças entre as coisas. Mas as relações determinadas a que chamamos leis estão mais próximas da natureza das coisas e conseqüentemente ocultas dentro dela. Estão cobertas por um véu que devemos remover se quisermos chegar a elas e trazê-las à luz. Em relação à Ciência Social, houve certas dificuldades especiais que resultaram da própria natureza da existência social, que é tão móvel, diversificada e rica em formas que, para mim, não pode ser reduzida a leis fixas e imutáveis. Além disso, os homens não gostam de pensar que estão unidos pela mesma necessidade que outros fenômenos naturais.

## Conclusão

Mesmo assim, apesar das aparências, Montesquieu afirma que os fenômenos sociais têm uma ordem fixa e necessária. Nega que as sociedades estejam organizadas a esmo e que sua história dependa de acidentes. Está convencido de que essa esfera do universo é governada por leis, mas a concepção que faz delas é confusa. De acordo com ele, elas não nos contam como a natureza de uma sociedade dá origem às instituições sociais, mas antes indica as instituições que a natureza de uma sociedade exige, como se sua causa eficiente tivesse de ser buscada apenas na vontade do legislador. Também aplica a palavra leis às relações entre idéias, e não entre as coisas.[18] Na verdade, essas idéias são as que uma sociedade deve manter se for fiel à sua natureza, mas pode se separar delas. Mesmo assim, sua Ciência Social não degenera em outra dialética porque ele percebe que aquilo que é racional é precisamente o que existe com maior freqüência na realidade. Desse modo, sua lógica ideal situa-se, em certo ponto, no mundo empírico. Mas há exceções que introduzem um elemento de ambigüidade em seu conceito de lei.

Desde Montesquieu, toda a Ciência Social conseguiu dissipar essa ambigüidade. Não era possível progredir mais até que se estabelecesse que as leis das sociedades não são diferentes das que governam o resto da natureza e que o método pelo qual são descobertas é idêntico ao das outras ciências. Essa foi a contribuição de Augusto Comte. Ele eliminou da noção de lei todos os elementos estranhos que até então a haviam falsificado e insistiu com razão na primazia do método indutivo. Apenas então nossa ciência pôde ter plena consciência de seu objetivo e método e todos os seus fundamentos indispensáveis estariam completos. O presente estudo ajudará o leitor a julgar a contribuição de Montesquieu a essa preparação.

---

18. Durkheim reexamina essa idéia em *Règles de la méthode sociologique* cap. I, p. 25 (ed. 1947, p. 19), ao aplicá-la ao próprio Comte.

# O *Contrato Social* de Rousseau[19]

O principal objetivo do *Contrato Social*, apresentado no Livro I, Cap. I, pode ser resumido assim: encontrar uma forma de associação ou, como Rousseau também a chama, de *estado civil*, cujas leis possam ser sobrepostas às leis fundamentais inerentes ao *estado de natureza* sem violentá-las. Para compreender a doutrina de Rousseau, devemos: 1) determinar o que seria o "estado de natureza", que é como um padrão para mensurar o grau de perfeição atingido pelo "estado civil"; 2) determinar como os homens conseguiram afastar-se dessa condição ao fundar as sociedades, pois se a forma perfeita de sociedade ainda precisa ser descoberta, devemos concluir que a realidade não oferece um modelo. Apenas então poderemos examinar as razões de Rousseau para acreditar que esse afastamento não era inevitável e suas observações a respeito de como os dois estados, contraditórios em diversos aspectos, podem ser reconciliados.

---

19. O presente estudo, que Durkheim esboçou após um curso que acabava de dar na Universidade de Bordeaux, foi publicado postumamente por Xavier Léon na *Revue de Métaphysique et de Morale*, XXV (1918), 1-23 e 129-61. Omitimos as primeiras três páginas, que tratam da "história do livro", em que o autor explica que *O Contrato Social* seria parte de um trabalho sobre as instituições políticas. As informações bibliográficas completas podem ser encontradas em duas excelentes edições do *Contrato Social,* uma editada por G. Beauvalon, Rieder, 1903, 3ª ed., 1922, e a outra por M. Halbwachs, Aubier, 1943, e na tese de Robert Derathé, *Jean-Jacques Rousseau et la science politique de son temps* (Bibliographie de la Science politique, Presses Universitaires Françaises, 1950).

# O estado de natureza

O *estado de natureza* não é, como já se disse, o estado em que o homem vivia antes da instituição das sociedades. O termo pode, de fato, sugerir um período histórico no início do desenvolvimento humano. Não foi a intenção de Rousseau. Trata-se, segundo ele, de um estado "que não mais existe, que talvez nunca tenha existido, que provavelmente nunca existirá" (Prefácio ao *Discurso sobre a origem da desigualdade*). O homem natural é simplesmente o homem sem aquilo que ele deve à sociedade, reduzido ao que seria se sempre tivesse vivido em isolamento. Assim, o problema é mais psicológico que histórico, ou seja, distingue entre os elementos sociais da natureza humana e os inerentes à constituição psicológica do indivíduo. No estado de natureza, o homem consiste apenas destes últimos. Para determinar o que ele era "quando surgiu das mãos da natureza", devemos despi-lo "de todos os dons sobrenaturais que possa ter recebido e de todas as faculdades artificiais que só pode ter adquirido por meio de um longo progresso" (*ibid.*, e Parte I). Se, como supuseram Rousseau, Montesquieu e quase todos os pensadores até Comte (e mesmo Spencer recai nessa tradicional confusão) a natureza termina no indivíduo, tudo o que está além deste fatalmente será artificial. Rousseau não pergunta se o homem permaneceu no estado de natureza por algum tempo considerável ou se começou a afastar-se dele a partir do momento em que surgiu, pois a questão é irrelevante para seu propósito.

Conseqüentemente, a história tem pouca utilidade para ele, que legitimamente a desconsidera. "Vamos começar por ignorar todos os fatos, pois não se relacionam à questão. Todas as investigações do assunto não devem ser consideradas verdades históricas, mas especulações hipotéticas e condicionais, *que mais provavelmente esclarecerão a natureza das coisas do que revelarão sua real origem*" (*ibid.*, início, *in fine*). Mesmo os selvagens dão uma idéia bem pouco exata do estado de natureza. "Muitos pensadores se enganaram a respeito das tendências primitivas do homem e lhe atribuíram, por exemplo, uma crueldade nativa, por não perceberem suficientemente como esses povos [os selvagens] já estavam afastados do primeiro estado de 'natureza'. O selvagem está certamente mais próximo à natureza. Em seu estado mental, sem dúvida é mais fácil, sob muitos aspectos, distinguir o fundo original, pois está menos oculto pelas aquisições da civilização. Mas essa é uma imagem alterada que deve ser examinada com grande cautela." Como proceder então? Rousseau não tem ilusões a respeito das dificuldades de sua empreitada. "Uma solução satisfatória para o seguinte problema não me pareceria indigna dos Aristóteles e Plínios de nosso século. Que experiência deveríamos exigir para conhecer o homem natural e por que meios poderíamos realizar essas experiências para o benefício da sociedade (*ibid*, Prefácio)?" Essas experiências são impossíveis. Que técnicas poderiam substituí-las? Rousseau não as explicita, mas os principais métodos parecem ser: 1) observação de animais, que fornecem exemplos de vida mental não-influenciada pela sociedade; 2) observação dos selvagens, com a reserva acima mencionada; 3) um tipo de dialética com o objetivo de deduzir todos os fatores mentais que parecem estar logicamente implicados pelos desenvolvimentos sociais subseqüentes (como a linguagem).

Por que Rousseau agiu dessa forma? Por que a teoria do estado de natureza, assim definida, é a base de seu sistema? Porque, responde ele, essa condição primitiva é "a raiz" do estado civil. "Se me estendi tanto na suposição dessa condição primitiva, foi porque, tendo de destruir antigos erros e preconceitos inveterados, acreditei ser necessário cavar até a raiz" (*ibid.*, Parte I). Parecia-lhe óbvio que a sociedade só poderia ser uma concretização das propriedades características da natureza do indivíduo. Portanto, é da natureza individual que devemos começar e a ela devemos retornar. Para julgar as formas históricas de associação, devemos examiná-las em relação con. a natureza humana, tentando definir se elas advêm logicamente dela ou se a deformam. E quando buscamos determinar que forma deveria substituí-las, uma análise do homem natural deve fornecer as premissas de nosso raciocínio. Mas para chegar a esse homem natural, devemos deixar de lado tudo o que, em nós, é produto da existência social.

De outro modo, entraríamos em um círculo vicioso, pois estaríamos justificando a sociedade com base na sociedade, ou seja, nas idéias e sentimentos que a sociedade implantou em nós. Estaríamos demonstrando um preconceito com outro. Se desejamos proceder de forma crítica e efetiva, é preciso escapar à ação da sociedade e dominá-la; é preciso começar da origem e rever a seqüência lógica das coisas. Esse é o objetivo da operação que acabamos de descrever.

A preocupação constante de Rousseau era evitar "o erro daqueles que, ao raciocinar sobre o estado de natureza, usam idéias retiradas da sociedade" (*ibid.*, Parte I). Para esse fim, devemos nos livrar de todas as pré-concepções de origem social, sejam verdadeiras ou falsas, ou, como ele diz, "limpar o pó e a areia que rodeiam o edifício" e "descobrir o fundamento sólido no qual ele se apóia" (*ibid*, Prefácio, *in fine*). Esse fundamento sólido é o estado de natureza.

Não se pode deixar de notar a semelhança entre esse método e o de Descartes. Ambos os pensadores afirmam que a primeira operação da Ciência deve ser uma espécie de purgação intelectual que limpe a mente de todos os julgamentos mediatos que não tenham sido demonstrados cientificamente para despojar os axiomas dos quais todas as outras proposições devem derivar-se.

Ambos sugerem remover o cascalho e descobrir a rocha sólida sobre a qual toda a estrutura do conhecimento deve repousar; em um dos casos o conhecimento teórico, no outro o conhecimento prático. A concepção de Rousseau de um estado de natureza não é, como já se pensou, uma ficção de devaneio sentimental, uma restauração filosófica da antiga crença na idade do ouro. É um dispositivo metodológico,[20] embora, ao aplicar esse método, Rousseau possa ter distorcido os fatos para deixá-los mais de acordo com seus sentimentos pessoais. De qualquer modo, ele não vem de uma visão exageradamente otimista do homem primitivo, mas de um desejo de estabelecer os componentes básicos de nossa constituição psicológica.

Uma vez exposto o problema nesses termos, como Rousseau o resolveu? Em que consiste, para ele, o estado de natureza?

O que caracteriza o homem nesse estado – não importa se é real ou ideal – é um perfeito equilíbrio entre suas necessidades e os recursos à sua disposição. Por quê? Porque o homem natural é reduzido exclusivamente a sensações. "Quanto mais pensamos nessa questão, maior parece a distância entre as sensações puras e mesmo o

---

20. É interessante comparar a interpretação de Durkheim com o que R. Derathé diz em *Jean-Jacques Rousseau et la science politique de son temps* (p. 377): "Sua concepção (de Rousseau) é freqüentemente mal compreendida porque é considerada apenas uma apologia ao "selvagem", uma glorificação da "inocência de outrora" ou da "vida feliz da idade do ouro". Na verdade, diz Derathé, essa hipótese tem "um significado bastante diferente", e ele se refere à seguinte declaração em *Détermination du fait moral* de Durkheim (em *Bulletin de la Société française de Philosophie*, abril de 1906, p. 132, ou *Sociologie et Philosphie*, p. 179): "Rousseau demonstrou há muito tempo que se o homem for despido de tudo o que tira da sociedade, nada resta senão um ser reduzido à sensação e pouco diferente de um animal". A ficção do estado de natureza tem a intenção de estabelecer justamente essa proposição. Derathé continua (p. 379): "Ele (Rousseau) mostra que o desenvolvimento intelectual e moral do homem é uma conseqüência da existência social. A esse respeito, ele deve ser considerado o pioneiro da sociologia contemporânea. Foi com base em sua análise de Rousseau que Durkheim escreveu (*Division du travail social*, 5ª ed., Paris, 1926, p. 338): "A grande diferença entre o homem e o animal, ou seja, o desenvolvimento superior da vida psíquica do homem, pode ser resumida à maior sociabilidade do homem. Durkheim estava plenamente consciente de ter sido influenciado por Rousseau, que era um de seus autores favoritos". (A.C.)

mais simples conhecimento; é impossível conceber como um homem poderia ter preenchido semelhante brecha por seus próprios meios" (*ibid.*, Parte I). Rousseau foi levado a essa proposição por duas considerações: 1) o exemplo dos animais, que têm apenas sensações mas pensam mesmo assim: "Todo animal tem idéias, já que tem sentidos"; 2) A teoria de Condillac – que ele aceitava – a respeito da origem do conhecimento geral, abstrato: ele é impossível sem linguagem; mas a linguagem é um produto da vida social. Por isso podemos rejeitar com segurança todas as idéias a respeito do estado de natureza que pressuponham um sistema de sinais inarticulados.

Nosso homem natural pode desejar apenas as coisas que se encontram em seu ambiente físico imediato, pois não pode imaginar qualquer outra. Por isso seus desejos serão puramente físicos e extremamente simples. "Seus desejos não vão além de suas necessidades físicas; em todo o universo as únicas coisas desejáveis que ele conhece são alimento, uma fêmea e repouso" (*ibid.*). Ele sequer se preocupa em assegurar a satisfação de seus apetites futuros. Seu conhecimento puramente sensorial não o capacita a antecipar o futuro; nada pensa além do presente. "Seus planos mal se estendem até o fim do dia." Daí sua notória imprevidência. Mas essas necessidades são facilmente satisfeitas. A natureza as atendeu. É muito raro que as coisas de que precisa faltem. A harmonia é conseguida espontaneamente. O homem tem tudo o que deseja porque deseja apenas o que tem. "Como ele deseja apenas o que conhece e conhece apenas o que está em seu poder possuir sua alma está perfeitamente tranqüila e sua mente é extremamente limitada". Mesmo se os produtos da civilização estivessem disponíveis para ele, o deixariam indiferente, pois não têm valor fora da civilização que os cria. Vamos supor que de algum modo miraculoso um deus ofereceu ao homem primitivo a arte da agricultura e implementos para cultivar a terra. O que teria ele feito com aquilo? Qual seria a importância de cultivar o solo se a propriedade não fosse garantida, se os frutos de seu trabalho não fossem protegidos? Mas a verdadeira *instituição* de um direito confirmado de propriedade pressupõe a sociedade. Sob essas circunstâncias, em suma, o homem está em harmonia com seu ambiente porque é um ser puramente físico, dependente de seu ambiente físico e nada mais. A natureza dentro dele necessariamente corresponde à natureza fora. Uma é o reflexo da outra. As condições que poderiam causar uma discórdia não existem.

    Sob essas circunstâncias, qual seria a relação entre os seres humanos? Não haveria um estado de guerra. Rousseau rejeita a teoria de Hobbes, que reprova duramente, embora louve seu gênio. A hipótese do estado de guerra era inaceitável a Rousseau por duas razões: 1) O incentivo à guerra, ou seja, necessidades insatisfeitas, não existe. Como o homem tem o que precisa, por que atacaria os outros? Hobbes chegou a seu sistema apenas por ter atribuído ao homem natural a complexa sensibilidade do homem civilizado. 2) Hobbes erroneamente negou ao homem primitivo qualquer sentimento de piedade. Como essa virtude precede toda reflexão, não há razão para negar sua existência no estado de natureza. Além disso, há sinais dela em animais. A piedade implica simplesmente em uma identificação "do animal espectador com o animal que sofre". Mas é evidente que essa identificação deveria ser infinitamente mais próxima no estado de natureza que no estado de razão.

    Alguns comentaristas viram uma contradição entre esse trecho e o seguinte, do *Ensaio sobre a origem das línguas* (cap. 9): "Como somos movidos à piedade? Ao sair de nós mesmos, ao nos identificar com o sofredor. Pense no conhecimento adquirido implicado nesse transporte! Como eu imaginaria sofrimentos dos quais não tenho idéia? Como poderia sofrer vendo um outro sofrer se não sei o que ele e eu temos em comum? Um homem que nunca refletiu não pode ser nem gentil nem compassivo". "É por isso", diz ele no mesmo ensaio, "que os homens não sabiam ser irmãos e se acreditavam inimigos sem nada saber, tudo temiam; atacavam em autodefesa". Como esse ensaio foi escrito depois do *Discurso sobre a origem da desigualdade*, os críticos se perguntaram se o pensamento de Rousseau não havia mudado, aproximando-se de Hobbes e sua teoria sobre o estado de guerra. Mas essa interpretação é invalidada pela seguinte declaração que aparece no mesmo capítulo: "Aqueles tempos bárbaros foram a idade do ouro... a Terra inteira estava em paz". O que Rousseau quer dizer nesse trecho controverso é que para um homem poder ver uma criatura semelhante em todo ser humano, é preciso ter poderes de abstração e reflexão inexistentes nos primitivos. Para eles, a humanidade limita-se ao seu ambiente imediato, o pequeno círculo de indivíduos com os quais têm relações. "Tinham a idéia de pai, filho e irmão, mas não de homem. Sua cabana continha todas as criaturas que lhes eram semelhantes, excetuando-se estas e sua família, o Universo não lhes dizia nada." (*ibid.*). A verdadeira piedade, portanto, só era possível nesse pequeno círculo. "Daí as aparentes contradições que observamos entre os irmãos das nações, tão ferozes em seus costumes e de coração tão terno; tanto amor pela família e tanta aversão aos semelhantes." Assim, ele não repudiou a noção de que a piedade é um sentimento natural ao homem e precede a reflexão. Simplesmente nota que essa reflexão é necessária antes que a compaixão possa estender-se a toda a humanidade. O *Ensaio* pode ser visto, no máximo, como um esclarecimento e uma correção parcial da idéia desenvolvida no segundo *Discurso*. De qualquer modo, ele definitivamente continuou a rejeitar o pessimismo de Hobbes a respeito do homem pré-social. Por mais limitada que possa ter sido a piedade do homem, não havia guerra, pois os homens não tinham contato: "Talvez os homens atacassem uns aos outros quando se encontravam, mas raramente se encontravam. O estado de guerra reinava em toda parte e a Terra estava em paz" (*ibid*).

Mas mesmo que o homem não seja o lobo de seu semelhante, isso não quer necessariamente dizer que está inclinado a se unir com ele permanentemente e formar sociedades no sentido estrito da palavra. Ele não tem nem os meios nem a necessidade de fazê-lo. Carece dos meios porque sua inteligência, limitada a sensações do momento, sem ter concepção do futuro, não pode nem mesmo imaginar o que essa associação – da qual não tem exemplo visível – poderia ser. A ausência de linguagem basta em si mesma para tornar impossíveis as relações sociais. Além disso, por que ele aspiraria a tal existência? Seus desejos estão satisfeitos. Ele não pode cobiçar o que não tem. "É impossível imaginar por que, nesse estado primitivo, um homem precisaria de outro homem mais do que um macaco ou um lobo precisariam de um semelhante" (segundo *Discurso*, parte I). Diz-se que o homem deve ter sido profundamente miserável nesse estado. Mas que importa, se fora constituído de tal forma pela natureza que não tinha desejo de mudar? Além disso, a palavra "miserável" nada quer dizer, a menos que implique em privação dolorosa. Mas de que um homem pode ser privado se nada lhe falta, se "seu coração está em paz e ele é saudável de corpo"? Será que o selvagem se queixa de sua existência e busca mudá-la? Ele só poderia sofrer por isso se tivesse a idéia de um outro estado e se, além disso, o outro estado lhe aparecesse sob uma luz altamente atraente. Mas "graças a uma sábia providência, suas faculdades potenciais se desenvolveram apenas quando houve ocasião para exercê-las". Ele tinha apenas instinto e o instinto lhe bastava, mas não o levava à existência social. Para viver em sociedade, ele precisava da razão, que é o instrumento de adaptação ao ambiente social, assim como o instinto é o instrumento de adaptação ao ambiente físico. Ela acabou vindo, mas no início era apenas virtual.[21]

Devemos, portanto, pensar no homem natural "vagando pela floresta, sem ocupação, sem palavra, sem domicílio, sem guerra e sem laços, sem precisar de seu semelhante e sem qualquer desejo de fazer-lhes mal, talvez sequer reconhecendo-os individualmente". Nesse estágio de desenvolvimento, ele não era insociável, mas associal. "Ele não é hostil à sociedade, mas não tem inclinação para ela. Tem dentro de si as sementes que, se cultivadas, se desenvolverão em

---

21. Leia o trecho inteiro. Muito importante, pois mostra que a existência social não é uma maquinação diabólica, mas foi providencialmente desejada e que, embora a natureza primitiva não tenha necessariamente levado a ela, mesmo assim continha potencialmente o que teria possibilitado a existência social quando isso se tornou necessário (nota de Durkheim).

virtudes sociais, inclinações sociais, mas são apenas potencialidades. A *perfectibilidade*, as virtudes sociais e outras faculdades que eram potenciais no homem natural nunca poderiam ter se desenvolvido por si mesmas" (segundo *Discurso*, fim da Parte I). Da mesma maneira, o homem nessa condição não é nem moral nem imoral; é amoral. "Como os homens nesse estado não tinham qualquer tipo de laço moral entre eles e nenhum dever conhecido, não podiam ser bons nem maus e não tinham vícios nem virtudes" (*ibid*). A moralidade só poderia passar a existir com a sociedade. Rousseau freqüentemente se refere a esse estado como estado da inocência.

Seria esse estado o mais perfeito ideal que os homens podem almejar? Em relação às condições determinadas às quais ele corresponde, é perfeito em seu gênero. Desde que essas condições não mudem – supondo-se que sempre sejam obtidas plenamente de maneira geral e durável – nada poderia ser melhor, já que a harmonia entre o ser humano e aquilo a que chamaríamos atualmente seu ambiente não deixa nada a desejar. Em outras palavras, enquanto o homem tem relações apenas com o ambiente físico, o instinto e a sensação bastam para todas as suas necessidades. Ele nada mais pode desejar, e há nada para despertar as diversas aptidões que dormem dentro dele. Conseqüentemente, ele está feliz. Mas se as coisas mudam, as condições de sua felicidade não podem permanecer as mesmas. São essas mudanças que dão origem à preocupação. Algo deve ter incomodado o equilíbrio existente ou, se ele nunca foi realmente estável, certos fatores devem tê-lo frustrado desde o início. Que fatores são esses?

# Origem das sociedades

Chega um ponto, diz Rousseau no *Contrato Social*, "em que os obstáculos no caminho de sua conservação [dos homens] no estado de natureza mostram mais resistência que os recursos à disposição de cada indivíduo para sua manutenção naquele estado. Então, essa condição primitiva não pode mais subsistir; e a raça humana pereceria a menos que mudasse sua maneira de ser" (I, 6, início). Explicar a gênese das sociedades é encontrar essas forças conflitantes com o estado de natureza. Rousseau reconhece que esse problema só pode ser tratado por conjectura, pois, diz ele, "os eventos que descreverei poderiam ter ocorrido de muitos modos" (segundo *Discurso,* fim da Parte I). Mas embora essas conjecturas sejam bastante plausíveis, já que advêm logicamente da definição do estado de natureza, um conhecimento detalhado do que aconteceu tem pouca importância para as conseqüências que podem ser tiradas do sistema.

A sociedade só pode passar a existir se o homem for impedido de permanecer no estado descrito anteriormente. Mas isso exige uma causa externa. Como o único ambiente que o afeta é seu ambiente físico, é ali que a causa deve ser procurada. Se a terra sempre satisfez às suas necessidades, é difícil perceber como o estado de natureza pôde um dia chegar ao fim. "Imagine uma primavera perpétua na Terra. Imagine os seres humanos surgindo das mãos da natureza e dispersados nesse ambiente. Não vejo como eles poderiam ter renunciado à sua liberdade primitiva e abandonado a vida isolada, tão apropriada à sua indolência natural" (*Origem das línguas*, IX).

Rousseau apóia essa crença observando que "os climas suaves e as terras férteis foram os primeiros a ser habitados e os últimos em que se formaram nações" (*ibid.*). Mas a resistência que os homens encontraram na natureza estimularam todas as suas faculdades. "Anos estéreis, invernos longos e severos, verões tórridos que tudo consumiam, que exigiam novos esforços." O frio lhes deu a idéia de vestir a pele dos animais que matavam; os raios e vulcões, junto com a necessidade de proteção contra as temperaturas invernais, lhes deu a idéia de conservar o fogo; e assim por diante. Desse modo, a inteligência começou a desenvolver-se além da sensação. Novas necessidades surgiram. O equilíbrio começava a se perturbar.

Logo ficou evidente que a ajuda dos outros era útil para satisfazer essas novas e mais complexas necessidades. "Tendo aprendido pela experiência que o amor pelo bem-estar era o único motivo da ação humana, ele foi capaz de distinguir as raras ocasiões em que o interesse comum o obrigava a contar com a ajuda de seus companheiros" (segundo *Discurso*, Parte II). Assim se formaram os primeiros rebanhos inconstantes de seres humanos. Sua reunião era facilitada por uma série de circunstâncias mencionadas em detalhe no *Ensaio sobre a origem das línguas*:

"Inundações, ressacas, erupções vulcânicas, terremotos, incêndios causados por raios que destruíam florestas, tudo o que pudesse assustar e dispersar os habitantes selvagens de uma região os reunia em seguida para reparar juntos os danos sofridos em comum". – "As nascentes e rios, desigualmente distribuídos, eram outro ponto de encontro particularmente necessário, já que os homens podem menos abrir mão da água que do fogo" (*Ensaio*, IX). "Desse primeiro contato, nasceu um princípio de linguagem. Imaginamos que entre homens assim aproximados e forçados a viver lado a lado deve ter se formado um idioma comum, mais do que entre aqueles que erravam livremente pelas florestas" (segundo *Discurso*, Parte II).

Assim, uma primeira extensão de necessidades físicas cria uma ligeira tendência a formar grupos. Uma vez organizados esses grupos, eles, por sua vez, despertam inclinações sociais. E uma vez que os homens se acostumem a estar juntos, acham difícil viver sozinhos. "Eles se acostumaram a reunir-se. De tanto se verem, não podiam mais ficar sem se ver." Isso deu origem a novas idéias a respeito das relações humanas, a necessidade da civilidade, o dever de respeitar obrigações contratuais. Foi aproximadamente nesse momento que os selvagens deixaram de ser selvagens.

Mas a humanidade foi mais longe. Conforme os homens emergiam de sua indolência original, conforme suas faculdades eram aguçadas por relações mais ativas, sua mente se abria a novas idéias. Alguns descobriram o princípio da agricultura, da qual as outras artes se derivaram. A idéia de usar o fogo nas atividades agrícolas ocorreu naturalmente. Assim nasceu a primeira divisão de trabalho; por um lado a metalurgia, pelo outro a lavoura e o cultivo do solo. A agricultura exigia a repartição da terra. A partir da recognição da propriedade nasceram as primeiras regras da justiça. O caminho estava aberto a todos os tipos de desigualdades. No estado de natureza, os homens eram muito pouco diferentes entre si e nada havia que os fizesse acentuar e desenvolver suas diferenças. Mas agora havia uma recompensa àquele que pudesse produzir mais e melhor. Desejos recém-descobertos levaram à competição. "Assim, de mãos dadas com o progresso, a desigualdade natural e a de combinação espalhou-se imperceptivelmente; as diferenças entre os homens, desenvolvidas pelas diferenças das circunstâncias, tornaram-se mais aparentes e permanentes em seus efeitos e começaram a exercer uma influência paralela no destino dos indivíduos" (*ibid*).

Mas logo que começaram a existir ricos e pobres, poderosos e fracos, "a sociedade nascente deu lugar ao mais terrível estado de guerra. Aviltado e desolado, incapaz de voltar atrás ou de renunciar a suas infortunadas aquisições, a raça humana atingira a beira de sua ruína" (*ibid.*). Assim, o estado de guerra não é, como pensava Hobbes, a origem, mas antes, um efeito do estado social. Antes que os homens pudessem conceber a idéia de buscar, às custas uns dos outros, uma felicidade além daquilo que já possuíam, uma primeira associação deve ter desencadeado suas paixões, ampliado sua inteligência e, em suma, perturbado o equilíbrio original. Uma vez que essa calamidade atingiu a humanidade, o homem rico, que era o mais afetado porque tinha mais a perder, concebeu "o mais astuto projeto que já ocorreu à mente humana: empregar em seu favor as próprias forças daqueles que o atacavam, transformando seus oponentes em seus defensores". Com essa intenção, propôs a seus companheiros que instituíssem regras de paz e justiça às quais todos teriam de se conformar, que todas as forças individuais se unissem em um único poder supremo que protegeria e defenderia todos os membros da associação. Assim se estabeleceram as leis e o governo.

Essas são as origens do estado civil. Se considerarmos os termos em que Rousseau imaginava o problema, não podemos deixar de admirar a engenhosidade dialética com a qual tratou dele. Ele começa com o indivíduo e, sem atribuir-lhe sequer a mais ligeira inclinação social ou tendências conflitantes que pudessem tornar a sociedade necessária pelos conflitos e males que elas engendrariam, ele se encarrega de explicar como um ser tão fundamentalmente indiferente a qualquer forma de vida em comum veio a formar sociedades. É como se, em Metafísica, depois de supor que o sujeito é auto-suficiente, tentássemos deduzir o objeto a partir dele. O problema é obviamente insolúvel e podemos saber com antecedência que a solução de Rousseau está repleta de contradições. Mas está longe de ser ilusória. Para compreender o que se segue, devemos ter em mente a instabilidade do equilíbrio original. Não devemos nos esquecer que, embora a vida social não existisse no começo, seus germes estão presentes. Eles são embrionários, mas se as circunstâncias favoráveis surgirem, não deixarão de se desenvolver. O homem ainda não sente a necessidade de se aperfeiçoar, mas já é perfectível. É sua perfectibilidade, diz Rousseau, que o distingue do animal (segundo *Discurso,* Parte I). Ele não é como o animal, que é incapaz de mudar. Sua inteligência e sensibilidade não estão circunscritas por moldes fixos. Há nele um elemento de instabilidade latente que pode ser trazido à tona por um nada. Para que ele não varie, o ambiente deve permanecer estacionário e invariável, ou antes, tudo no ambiente deve corresponder à organização da natureza e nada deve acontecer para perturbá-lo. Uma vez que o equilíbrio é perturbado, não pode ser restaurado. Uma desordem nasce de outra. Logo que o limite natural é atravessado, não há mais volta. As paixões geram paixões e estimulam a inteligência, que lhes oferece novos objetivos que os exasperam. Até as satisfações que obtêm os torna mais exigentes. "A superfluidade desperta a cobiça. Quanto mais se tem, mais se quer" (fragmento intitulado *Distinção fundamental*, dos manuscritos de Neufchâtel, ed. Dreyfus-Brisach, p. 312). Os homens passam a necessitar cada vez mais uns dos outros e tornar-se cada vez mais interdependentes. Assim, saem *naturalmente* do *estado de natureza*.

Embora a fórmula pareça autocontraditória, exprime o pensamento de Rousseau. Vamos tentar entender isso.

São causas naturais que levam o homem a gradualmente formar sociedades. Mas isso não torna a sociedade um fenômeno natural, pois ela não está logicamente implícita na natureza do homem. Não foi a constituição original do homem que o obrigou a entrar em uma vida social, cujas causas são exteriores à natureza humana, adventícias. Rousseau chega mesmo a dizer que elas são fortuitas, que poderiam muito bem não ter ocorrido. "Depois de mostrar que as virtudes sociais nunca poderiam ter se desenvolvido por si mesmas, que para isso necessitavam do auxílio fortuito de diversas causas estrangeiras que poderiam nunca ter surgido e sem as quais o homem teria permanecido eternamente em seu estado primitivo, devo agora considerar e comparar os diferentes acasos que trouxeram o homem e o mundo a seu estado atual" (segundo *Discurso*, Parte I, *in fine*). A sociedade surgiu porque os homens precisam uns dos outros. Essa assistência mútua não é *naturalmente* necessária. Cada indivíduo pode ser auto-suficiente. Assim, para que a sociedade possa surgir, as circunstâncias externas devem aumentar as necessidades do homem e, conseqüentemente, modificar sua natureza.

Mas ainda há uma outra razão para dizer que a sociedade não é natural. Ela é artificial em um grau ainda mais alto. Não apenas essa interdependência, que é a primeira causa motora da evolução social, não se funda na natureza humana, como até mesmo quando existe não é suficiente em si mesma para fazer sociedades. A essa base original, que já é um produto da arte humana, deve-se acrescentar algo mais, que tenha a mesma origem. Até que esse comércio seja regulado e organizado de maneira definitiva, ele não constitui uma sociedade. Carece da "ligação entre as partes, que constitui o todo" (*Manuscrito de Genebra*, ed. Dreyfus, cap. II, p. 248). Uma sociedade é uma "entidade moral com qualidades específicas distintas daquelas dos seres individuais que a compõem, assim como os componentes químicos têm propriedades que não devem a quaisquer de seus elementos. Se a agregação resultante dessas vagas relações de fato formasse um corpo social, haveria uma sorte de sensório comum que sobreviveria à correspondência de todas as partes. O bem e o mal públicos não seriam apenas a soma do bem e do mal individuais, como em uma simples agregação, mas residiriam na relação que os une. Seria maior que a soma, e o bem-estar público não seria o resultado da felicidade dos indivíduos, mas antes sua fonte" (*ibid*, p. 249). Mas o simples fato de que os homens percebam que podem ajudar-se entre si, de que adquiriram o hábito de fazê-lo, mesmo quando somado ao sentimento de que todos têm algo em comum, de que todos pertencem à raça humana, não faz com que se agrupem em uma individualidade moral, de um gênero novo, com caráter e composição específicos, ou seja, uma sociedade. Assim, "é certo que a raça humana sugere uma idéia puramente coletiva que não pressupõe qualquer união real dos indivíduos que a compõem".

Esse notável trecho prova que Rousseau estava vivamente consciente da especificidade da ordem social. Ele a concebia claramente como uma ordem de fatos diferentes em gênero dos fatos puramente individuais. É um novo mundo sobreposto ao mundo puramente psicológico. Uma concepção desse tipo é muito superior até mesmo à dos teóricos recentes como Spencer, que acreditam ter provado que a sociedade se baseia na natureza ao observar que o homem tem uma vaga simpatia por seu semelhante e que é de seu interesse trocar serviços com eles. Sentimentos desse tipo podem responder por contatos momentâneos entre indivíduos, mas essas relações intermitentes e superficiais que, como disse Rousseau, carecem da "ligação entre as partes, que constitui o todo", não são sociedades. Rousseau percebeu isso. Em sua visão, a sociedade não é nada se não for um corpo uno e definido, distinto de suas partes. Ele afirma em outro ponto que o "corpo político, visto individualmente, pode ser considerado um corpo vivo e organizado, semelhante ao do homem. O poder soberano representa a cabeça, os cidadãos são o corpo e os membros que fazem a máquina se mover e trabalhar, e um ferimento infligido a qualquer parte leva uma sensação dolorosa ao cérebro se o animal tiver boa saúde" (*Economia política*). Todavia, como apenas o indivíduo é real e natural, o todo só pode ser um produto da razão. "O corpo político é apenas um produto da razão" (fragmento de *Distinção fundamental*, p. 308). Os indivíduos o criam e, como continuam a ser o material e a substância da construção, ele nunca pode atingir o mesmo grau de unidade e realidade de uma obra da natureza: "A diferença entre a arte humana e o trabalho da natureza pode ser percebida em seus efeitos. Os cidadãos podem muito bem dizer que são os membros do Estado, mas não podem unir-se como os verdadeiros membros se unem com o corpo. É impossível evitar que cada um tenha uma existência individual e distinta e busque atender ás suas próprias necessidades" (*ibid.*, p. 310). Rousseau ignorava que houvesse organismos naturais cujas partes têm essa mesma individualidade.

Não apenas o corpo político, mas também a família, é um produto da razão. É de fato um grupo natural no sentido de que os filhos estão ligados a seus pais pela necessidade de autopreservação. Mas essa necessidade dura apenas um certo tempo. Uma vez que o filho é capaz de cuidar de si mesmo, fica com seus pais apenas se desejar.

Nada há na natureza das coisas que o obrigue a manter suas associações com eles. "Se eles permanecem unidos, não será mais naturalmente, mas voluntariamente" (*Contrato Social* I, 2). Mas conclui-se de muitos trechos que essa associação por acordo mútuo foi a primeira a se formar. De fato, Rousseau parece às vezes considerá-la contemporânea ao estado mais primitivo.

Em suma, toda sociedade é uma entidade artificial porque o homem não tem necessidade natural dela, pois é essencialmente um corpo organizado e porque não há corpos sociais entre os corpos naturais. Essas duas idéias, que normalmente consideramos conflitantes – a concepção de sociedade como um produto da razão e a concepção da sociedade como um organismo – podem ser encontradas em Rousseau. E ele não passa de uma para outra por conseqüência de uma evolução consciente ou inconsciente que tentasse esconder de seus leitores e talvez até de si mesmo. Não, as duas idéias estão estreitamente relacionadas em seu pensamento. Uma parece implicar na outra. É porque a sociedade é um organismo que é uma obra de arte, pois, segundo esse ponto de vista, é superior aos indivíduos, ao passo que na natureza nada há além do indivíduo. Formulada nesses termos, a teoria pode muito bem parecer contraditória. Pode parecer mais lógico dizer que se há algo acima dos indivíduos, há algo exterior a eles. Toda tentativa de ampliar o círculo dos fenômenos naturais exige um grande esforço, e a mente recorre a todos os tipos de subterfúgios e evasões antes de se conformar a uma mudança tão grande em seu sistema de idéias. Seria a contradição menor nos escritos de Spencer, que por um lado considera a sociedade um produto na natureza, um ser vivo como os outros, e por outro lado a despe de seu caráter específico, reduzindo-a a uma justaposição mecânica de indivíduos? Rousseau tenta ao menos resolver o problema sem abandonar qualquer dos dois princípios em questão: o *princípio individualista* (que está na base de sua teoria do estado de natureza, assim como na da teoria do direito natural de Spencer); e o *princípio contrário* (que poderia muito bem ser chamado de princípio socialista, se essa palavra não tivesse uma conotação diferente na linguagem dos partidos políticos), que está na base de sua concepção orgânica da sociedade. Como veremos, a coexistência desses dois princípios explica o aspecto duplo não apenas da filosofia social de Rousseau, que poderíamos chamar de sua Sociologia, mas também de suas doutrinas políticas.

Mas será que precisamos ir além? Dado que a sociedade não está na natureza, deveríamos, por isso, concluir que é contrária à natureza, que é e só pode ser uma corrupção da natureza humana, a conseqüência de algum tipo de queda e degeneração; em suma, que a sociedade como tal é um mal que pode ser reduzido, mas não eliminado?

É preciso distinguir. A sociedade, da forma como é hoje, é certamente uma monstruosidade que nasceu e continua a existir graças apenas a um concurso de circunstâncias acidentais e deploráveis. O desenvolvimento social levou a desigualdades artificiais totalmente contrárias às inerentes ao estado de natureza. A desigualdade natural ou física é aquela que "vem de uma diferença de idade, saúde, força física e qualidades mentais e espirituais. A outra desigualdade, que pode ser chamada moral ou política, depende de um tipo de convenção e resulta dos diversos privilégios de que gozam alguns em detrimento de outros, como o privilégio de ser mais rico, mais respeitado, mais poderoso" (segundo *Discurso*, início). Essas convenções investem indivíduos ou grupos de indivíduos que, no estado de natureza, não seriam superiores e poderiam até ser inferiores aos outros, de poderes excepcionais que lhes conferem uma superioridade contrária à natureza. "É manifestamente contrário à lei da natureza, como quer que a definamos, que uma criança comande um velho, que um tolo guie um sábio e que um punhado de pessoas se saturem de supérfluos enquanto a multidão faminta carece do mais básico necessário" (segundo *Discurso*, últimas linhas). Essas desigualdades resultam principalmente da convenção social conhecida como herança. No estado de natureza, a desigualdade quase não existe. Seu desenvolvimento é estimulado pela evolução social, e "se torna estável e legítimo por meio do estabelecimento da propriedade e das leis".

A primeira violação da lei da natureza levou a uma segunda. Quando os homens se tornaram desiguais, ficaram dependentes uns dos outros. Conseqüentemente, a sociedade é composta de mestres e escravos. Os próprios mestres, em certo sentido, são escravos daqueles que dominam. "Um homem crê que é mestre dos outros, embora na verdade seja mais escravo que eles" (*Contrato Social* I, 1). "A própria dominação é servil quando se baseia na opinião pública (*Emile*, II), pois ela depende dos preconceitos daqueles a quem governa com preconceitos. Essa interdependência dos seres humanos é contrária à natureza. Os homens são naturalmente independentes uns dos outros. Esse é o significado da famosa declaração: "O homem nasceu livre e em toda parte está acorrentado". No estado natural, ele depende apenas da natureza, do ambiente físico, ou seja, de forças impessoais e invariáveis que não são controladas por qualquer indivíduo, mas que dominam a todos da mesma maneira.

A impersonalidade das forças físicas e a regularidade de sua ação certamente são, na opinião de Rousseau, sinais pelos quais se pode distinguir o que é normal e fundamentado daquilo que é anormal e acidental. Para ele, o que é bom deve ter um certo grau de necessidade. Por isso, uma das razões pelas quais ele considera mórbido o atual estado social é sua extrema instabilidade. Logo que os homens começam a se relacionar, "nascem multidões de relações vagas e informes que os homens alteram e mudam continuamente; para cada indivíduo que tenta estabilizá-las, há cem que se esforçam para destruí-las" (*Manuscrito de Genebra*, ed. Dreyfus, cap. II, p. 247). Acrescentaremos o seguinte trecho de *Emile*: "Todas as coisas estão misturadas nesta vida. Não permanecemos no mesmo estado por dois momentos consecutivos. As afeições da alma e as modificações do corpo estão em um fluxo perpétuo" (II). Pois as vontades dos indivíduos se movem em diferentes direções e conseqüentemente entram em conflito. Ora uma prevalece, ora outra. Elas se combinam, uma se rende à outra, mas sempre de maneiras diferentes, e o equilíbrio está sempre perturbado. "Há dois tipos de dependência, a das coisas, que é um fenômeno da natureza, e a dos homens, que é um fenômeno social. A primeira não é um obstáculo à liberdade e não gera vícios; mas como a segunda não tem ordem ou estabilidade, ela engendra todo vício; e é por meio dessa dependência que o mestre e o escravo se pervertem mutuamente" (*Emile*, II). Quando o homem depende apenas de coisas, ou seja, da natureza, ele necessariamente vive em um estado de equilíbrio estável, já que suas necessidades estão em harmonia com seus meios. A ordem é conseguida automaticamente. O homem, então, está verdadeiramente livre, pois faz tudo o que deseja porque deseja apenas o que é possível. "O homem realmente livre deseja apenas o que é possível e faz o que lhe agrada" (*ibid.*).

A liberdade, da forma como concebe Rousseau, resulta de um tipo de necessidade. O homem é livre apenas quando uma força superior se impõe a ele, desde que, todavia, ele aceite essa superioridade e que sua submissão não seja obtida por mentiras e artifício. Ele é livre se for contido. Porém, a energia que o segura deve ser real e não uma mera ficção como a desenvolvida pela civilização. Apenas nessa condição ele pode desejar ser dominado. E Rousseau acrescenta: "Se as leis das sociedades, como as da natureza, se tornassem tão inflexíveis que nenhuma força humana pudesse dobrá-las, a dependência dos homens se tornaria a dependência das coisas" (*ibid.*).

Mas se o estado civil tal como é agora viola a lei da natureza, seria o mesmo em todo estado civil? O mal atual estaria necessariamente implícito em toda organização social ou é, antes, um erro que pode ser corrigido? Seriam o estado de natureza e a vida em sociedade uma antítese irredutível ou haveria algum modo de reconciliá-los?

Muitas vezes, emprestou-se a Rousseau a opinião de que a perfeição era possível para os seres humanos apenas em um estado de isolamento, que eles estavam condenados à corrupção e à degeneração logo que começaram a viver juntos, que a idade do ouro era coisa do passado, que desaparecera para sempre quando renunciamos à santa simplicidade dos tempos primitivos e da qual nos afastamos cada vez mais conforme nos envolvemos na rede de laços sociais. Segundo esse ponto de vista, o *Contrato Social* torna-se ininteligível, pois se a sociedade como tal é um mal, nossa única preocupação com ela seria um esforço para reduzir seu desenvolvimento a um mínimo e não podemos mais compreender todo o esforço de Rousseau para dar a ela uma organização positiva. Particularmente, a importância que ele dá à disciplina coletiva e a subordinação em que posiciona, sob certos aspectos, o indivíduo, tornam-se totalmente inexplicáveis.

Rousseau certamente prefere o estado de natureza ao estado civil que vê a seu redor, pois à sua maneira é um estado de perfeição. Talvez ele se expresse violentamente às vezes, e podemos ficar tentados a nos perguntar se suas diatribes são dirigidas às sociedades modernas apenas, ou à sociedade em geral. Em vista das dificuldades envolvidas na aventura social, podemos entender como ele deve ter deplorado as circunstâncias que trouxeram o fim do isolamento do homem primitivo. Mas não há porque supor que ele considerava esse estado de perfeição o único possível e que acreditava ser impossível definir e estabelecer um outro, de um tipo diferente mas de valor igual. Uma razão para não emprestar a Rousseau o pessimismo radical que lhe foi atribuído é que o germe da existência social é inerente ao estado de natureza. O equilíbrio original poderia ter sido mantido indefinidamente apenas se o homem não quisesse aceitar qualquer mudança, se ele não fosse perfectível. Mas o que mais o distingue do animal é a "capacidade de se aperfeiçoar. Essa habilidade que, com *o auxílio das circunstâncias*, sucessivamente desenvolve todas as outras faculdades, é característica da espécie assim como do indivíduo" (segundo *Discurso*, parte I).

É verdade que a *perfectibilidade* permanece dormente no homem natural até ser despertada pelas circunstâncias. Mesmo assim, é latente desde o início, e a série de eventos que resultam dela não pode ser considerada necessariamente contrária à natureza, já que existe na natureza. Esses eventos podem assumir um curso anormal, mas esse curso não é predeterminado por suas causas. Da mesma maneira, a razão, que é para o ambiente social aquilo que o instinto é para o ambiente físico, foi despertada no homem pela Providência (segundo *Discurso*). Por isso, a existência social não é contrária à ordem providencial.

Embora o atual estado civil seja imperfeito, ele tem qualidades que não são encontradas no estado de natureza. Embora o homem natural não seja mau, ele não é bom; a moralidade não existe para ele. Se ele é feliz, não está consciente de sê-lo. "As estúpidas criaturas dos tempos primitivos são insensíveis" à sua felicidade (ed. Dreyfus, p. 248). Embora Rousseau (no segundo *Discurso*) enfatize os sofrimentos causados pela civilização em sua forma atual, ele não fecha os olhos à sua grandeza; parece apenas duvidar se essa é uma compensação suficiente. "Parece aconselhável suspender o julgamento que se poderia fazer sobre tal situação até que, depois de pesar bem as coisas, tenhamos determinado se o progresso de seu conhecimento é uma compensação suficiente para o mal que eles fazem uns aos outros à medida que se instruem mais e mais" (Parte I). Mas se houver um modo de corrigir essas imperfeições ou torná-las impossíveis, apenas a grandeza restará e talvez essa nova perfeição seja superior à do estado original. Permanece, é claro, o fato de que essa perfeição terá sido adquirida ao custo de um grande sofrimento, mas Rousseau não parece ter perguntado se o preço seria demasiado caro. Na verdade, a questão não vem ao caso, pois as circunstâncias que tornam a sociedade necessária são dadas e a perfeição hipotética do estado de natureza é, conseqüentemente, impossível.

Rousseau declarou, já no segundo *Discurso*, que os atuais defeitos do estado civil não são necessários. Como, então, a sociedade pode ser organizada de modo a nos tornar melhores e mais felizes? A proposta do *Contrato Social* é responder a essa questão.

# O *Contrato Social* e o estabelecimento do corpo político

Antes de qualquer coisa, vejamos como, à luz do que foi dito, Rousseau apresenta o problema.

Quando as circunstâncias que impedem o homem de permanecer no estado de natureza se desenvolvem além de um certo ponto, elas devem, para que o homem sobreviva, ser neutralizadas por circunstâncias contrárias. Um sistema de contraforças deve ser estabelecido. Como essas forças não são dadas no estado de natureza, devem ser trazidas pelo homem. "Mas como os homens não podem gerar novas formas, mas apenas unir e dirigir as já existentes, não têm outro meio de se preservar além da formação, por agregação, de uma soma de forças grande o bastante para superar a resistência. Elas têm de ser postas em jogo por um único móvel e obrigadas a agir em conjunto. Essa soma de forças só pode nascer da união de muitas pessoas" (*Contrato Social*, I, 6). Disso advém que, uma vez que o estado da natureza se torne impossível, uma *sociedade constituída* é o único ambiente em que o homem pode viver.

Mas se, no processo de formação, a sociedade violar a natureza do homem, o mal que foi evitado será substituído por um outro, que não será menor. O homem viverá, mas será infeliz porque seu modo de existência estará em constante conflito com suas tendências básicas. Essa nova vida deve portanto ser organizada sem violar a lei da natureza. Como isso é possível? Estaria Rousseau tentando, de um modo vagamente eclético, sobrepor à condição primitiva uma nova condição, que se soma à primeira sem modificá-la? Estaria simplesmente justapondo o homem social a um homem natural que permanece intacto? Isso lhe pareceria inconsistente. "Quem quer que tente preservar os sentimentos naturais na ordem social não sabe o que quer. Sempre em contradição consigo mesmo, ele nunca será um homem, nem um cidadão" (*Emile*, I). "Boas instituições sociais são as mais capazes de alterar a natureza do homem, de subtrair-lhe sua existência absoluta... e de transportar o eu para a comunidade."

Assim, a natureza e a sociedade não podem ser reconciliadas por uma justaposição exterior. A natureza deve ser remodulada. O homem deve mudar completamente se quiser sobreviver ao ambiente que ele próprio criou. Isso significa que os atributos característicos do estado de natureza devem ser transformados e, ao mesmo tempo, mantidos. Daí a única solução é encontrar um meio de adaptá-los às novas condições de existência sem deformá-las em nenhum aspecto essencial. Elas devem assumir uma nova forma sem deixar de ser. Podem fazê-lo apenas se o homem social, embora profundamente diferente do homem natural, mantiver a mesma relação com a sociedade que o homem natural com a natureza física. Como isso é possível?

Se nas sociedades atuais as relações fundamentais do estado de natureza foram perturbadas, é porque a igualdade primitiva foi substituída por desigualdades artificiais e, como resultado, os homens se tornaram dependentes uns dos outros. Se em vez de ser apropriada por indivíduos e personalizada a nova força nascida da combinação de indivíduos em sociedades fosse impessoal e se, conseqüentemente, transcendesse todos os indivíduos, os homens seriam todos iguais em relação a ela, já que nenhum deles poderia dispor dela a título privado. Assim, eles dependeriam não uns dos outros, mas de uma força que, por sua impessoalidade, seria idêntica, *mutatis mutandis*, às forças da natureza. O ambiente social afetaria o homem social do mesmo modo como o ambiente natural afeta o homem natural. "Se as leis das nações, como as da natureza, pudessem ser tão inflexíveis que nenhuma força humana pudesse dobrá-las, a dependência dos homens se tornaria novamente a dependência das coisas. Todas as vantagens do estado natural e do estado civil estariam unidas na república. A moralidade que ergue o homem ao plano da virtude seria somada à liberdade que o mantém livre de vícios" (*Emile*, II). O único modo de remediar o mal, diz ele no mesmo trecho, é armar a lei "com uma força superior à ação da vontade individual".

Em uma carta ao Marquês de Mirabeau (26 de julho de 1767), ele formula aquilo a que chama *o grande problema da política*: "Encontrar uma forma de governo que ponha a lei acima do homem".

Mas não basta que essa força, pedra fundamental do sistema social, seja superior a todos os indivíduos: ela deve também basear-se na natureza, ou seja, sua superioridade não deve ser ficcional, mas racionalmente justificável. De outro modo, ela seria precária, assim como seus efeitos. A ordem resultante será instável, sem a invariabilidade e a necessidade características da ordem natural. Não poderá resistir exceto por uma combinação de acidentes que podem deixar de existir a qualquer momento. A menos que os indivíduos sintam que sua dependência da ordem social é legítima, a ordem social será precária. A sociedade deve, portanto, ter princípios "derivados da natureza da realidade e baseados na razão" (*Contrato Social*, I, 4). Como a razão não pode deixar de examinar a ordem assim constituída pelo duplo aspecto ético e do interesse, esses pontos de vista devem estar em harmonia, pois uma antinomia tornaria a ordem social irracional e instável. Se houvesse um conflito entre esses dois motivos, nunca seria possível saber qual prevaleceria. "Nesta pesquisa", diz Rousseau logo no início do livro, "farei o possível para sempre aliar o que o direito permite com o que o interesse prescreve, para que a justiça e a utilidade não sejam divididas" (*Contrato Social*, introdução). Pode parecer surpreendente, à primeira vista, ver Rousseau, para quem a sociedade não pertence ao domínio da natureza, dizendo que a força na qual a sociedade se baseia deve ser natural, ou seja, baseada na natureza. Mas *natural* é aqui sinônimo de *racional*. Mesmo a confusão é explicável. Embora a sociedade seja obra do homem, ele a molda com a ajuda de forças naturais. Ela será natural, em um sentido, se ele usar essas forças de acordo com a natureza delas, sem violentá-las, se a ação do homem consistir em combinar e desenvolver constantemente propriedades que, sem sua intervenção, teriam permanecido latentes, mas que estão sempre presentes nas coisas. É isso que possibilita a Rousseau conceber, de maneira geral, que apesar da diferença entre eles, o ambiente social é apenas uma nova forma do ambiente primitivo.

Assim os homens poderão sair do estado de natureza sem violar a lei da natureza, com a condição de que se unam em sociedades dependentes de uma força ou sistema de forças baseado na razão e que domine todos os indivíduos.

Será que esse resultado pode ser atingido, e como? Será suficiente que os mais fortes subjuguem o restante da sociedade? Mas sua autoridade será durável apenas se reconhecida como um direito. O poder físico não pode dar origem a um direito nem a uma obrigação. Além disso, se o direito segue a força, ele muda com esta e cessa quando ela desaparece. Como a força varia de inúmeras maneiras, o direito varia também. Mas um direito tão variável não é um direito. Assim, para que a força faça o direito, ela precisa ser justificada, o que não ocorre apenas por sua existência (*Contrato Social*, I, 3).

Grócio tentará dar ao direito do mais forte um fundamento lógico. Partindo do princípio de que um indivíduo pode alienar sua liberdade, conclui que um povo pode fazer o mesmo. Rousseau rejeita sua teoria por diversas razões: 1) Essa alienação só é racional se certas vantagens forem oferecidas em troca. Diz-se que o déspota assegura a tranqüilidade a seus súditos. Mas essa tranqüilidade está longe de ser completa; é perturbada pelas guerras que nascem do despotismo. Além disso, a tranqüilidade por si mesma não é um bem; ela pode ser encontrada em calabouços. 2) A liberdade das gerações futuras não pode ser alienada. 3) Renunciar à liberdade é renunciar à qualidade de homem e não há compensação possível para tal renúncia. 4) Um contrato que estipule que uma das partes contratantes terá autoridade absoluta significa nada, pois nada pode estipular para a parte que não tem direitos.

Grócio alega que o direito de guerra implica no direito de escravidão. Como o vencedor tem o direito de matar o vencido, este pode comprar sua vida em troca de sua liberdade. Todavia: 1) O suposto direito de matar o vencido ainda não foi provado. Mas entre indivíduos não existe um estado crônico e organizado de guerra, nem na vida civil, na qual tudo é governado por leis, nem no estado de natureza, em que os homens não são naturalmente inimigos, já que suas relações não são constantes o bastante para ser de guerra ou de paz. Um Estado que nunca existiu não pode ser invocado como o fundamento de um direito. A guerra não é uma relação entre homem e homem, mas entre Estado e Estado. Estaria Grócio falando da guerra entre nações e do direito de conquista? Mas a guerra não dá ao vencedor o direito de massacrar o povo vencido. Portanto, ela não pode justificar o direito de escravizá-lo. Uma vez que os defensores do Estado inimigo baixam as armas, o vencedor não tem direitos sobre sua vida. Só se tem o direito de matar o inimigo quando se é incapaz de subjugá-lo. Assim, o direito de subjugar não se baseia no direito de matar. 2) A aceitação da escravidão não acaba com o estado de guerra. Ao tirar do vencido o equivalente à vida, o vencedor não lhe concede uma graça. Ele comete um ato de força, não de autoridade legítima (*Contrato Social*, I, 4).

Mesmo se o direito do mais forte pudesse ser justificado racionalmente, ele não serviria de base a uma sociedade. Uma sociedade é um corpo organizado no qual cada parte depende do todo e vice-versa. Não há essa interdependência no caso de uma multidão liderada por um comandante. Essa multidão é "uma agregação, mas não uma associação" (*Contrato social*, I, 5). Os interesses do comandante são diferentes dos da massa. É por isso que a multidão, que estava unida apenas por depender dele, se dispersa quando ele morre. Para que haja um povo, os indivíduos que o compõem devem sentir-se unidos de modo a formar um todo, cuja unidade não dependa de causa externa. Essa unidade não pode ser conseguida pela vontade do governante; deve ser interna. A forma de governo é secundária. O povo deve existir antes de poder determinar como será governado. "Antes de examinar o ato pelo qual um povo se entrega a um rei", seria melhor "examinar o ato pelo qual um povo é um povo". Esse ato é "o verdadeiro fundamento da sociedade" (*ibid.*).

Esse ato pode, obviamente, consistir apenas de uma associação. Assim, o problema pode ser enunciado do seguinte modo: "Encontrar uma forma de associação que defenda e proteja com toda a força comum a pessoa e os bens de cada associado, e na qual cada um, unido a todos, obedeça ainda a si mesmo e continue livre como antes". Essa associação só pode resultar de um contrato pelo qual cada membro se aliena, com todos os seus direitos, à comunidade.

Por esse contrato, cada indivíduo se dissipará em uma vontade comum e geral, que é a base da sociedade. A força assim estabelecida é infinitamente superior à soma das forças de todos os indivíduos. Tem uma unidade interior, pois ao entrar em associação, as partes componentes perderam parte de sua individualidade e liberdade de movimento. Como a alienação foi feita sem reservas, nenhum membro tem o direito de reclamar. Assim, a tendência anti-social inerente a cada indivíduo simplesmente porque ele tem uma vontade individual é abolida. "Em vez da personalidade individual de cada contratante, esse ato de associação cria um corpo moral e coletivo composto de tantos membros quantos votantes houver na assembléia e que recebe desse ato sua unidade, sua identidade comum, sua vida e sua vontade" (*Contrato Social* I, 6). Pouco importa se esse contrato é de fato escrito e se tem a devida forma. Talvez as cláusulas nunca tenham sido enunciadas. Mas na medida em que a sociedade é normalmente constituída, elas são reconhecidas tacitamente em toda parte (*ibid*).

Como consequência desse contrato, cada vontade pessoal é absorvida pela vontade coletiva, pois cada homem, "ao se entregar a todos, se entrega a ninguém". Essa vontade geral não é uma vontade individual que subjuga todas as outras e as reduz a um estado de dependência imoral. Ela tem o caráter impessoal das forças naturais. Um homem não é menos livre por se submeter a ela. Não apenas não nos escravizamos ao obedecer a essa vontade, como somente ela pode nos proteger contra a servidão, pois se, para que ela seja possível, devemos renunciar a subjugar os outros, os outros devem fazer a mesma concessão, tal é a natureza da equivalência e compensação que restabelecem o equilíbrio das coisas. Se há uma compensação para a alienação de minha pessoa, não é, como disse Paul Janet, porque recebo em troca a personalidade de outros. Essa troca pareceria bem incompreensível. É até mesmo contrária à cláusula básica do contrato social, de acordo com a qual é o corpo político, enquanto ser moral *sui generis*, e não os indivíduos, que recebe as pessoas de seus membros ("em nossa capacidade combinada, recebemos cada membro como parte indivisível do todo" – *ibid.*). O que recebemos é a segurança de que seremos protegidos por toda a força do organismo social contra as invasões individuais de outros. Mesmo a concessão que fazemos não é uma minoração de nossa liberdade, pois não é possível escravizar os outros sem escravizar a nós mesmos. "A liberdade consiste menos em fazer sua vontade do que em não estar sujeito à dos outros. Ela também consiste em não sujeitar a vontade dos outros à nossa. Um senhor não pode ser livre" (8ª *Carta da Montanha*). O mesmo vale para a desigualdade. Ela permanece tão completa quanto no estado de natureza, embora tenha assumido uma nova forma. Originalmente, ela vinha do fato de que cada indivíduo formava uma "unidade absoluta"; seu atual fundamento é que "como cada um se entrega igualmente, as condições são as mesmas para todos" (I, 6). Dessa igualdade resulta também um estado de paz de um novo tipo. Como a condição de todos os homens é a mesma, "ninguém tem interesse de torná-la onerosa aos outros" (*ibid.*).

Não apenas a liberdade e a igualdade foram preservadas; de certo modo, elas estão ainda mais perfeitas que no estado de natureza. Em primeiro lugar, elas estão mais seguras porque são garantidas não pelo poder do indivíduo, mas pelas forças da coletividade que "são incomparavelmente maiores que as de um indivíduo" (I, 9). Em segundo lugar, elas têm um caráter moral. No estado natural, a liberdade de cada pessoa "é limitada apenas pela força do indivíduo" (I, 8), ou seja, apenas pelo ambiente material. Assim, é um fato físico e não um direito. No estado civil, ela é limitada e regida pela vontade geral e transformada de acordo. Em vez de ser vista exclusivamente como uma vantagem individual, ela se relaciona a interesses que transcendem o indivíduo. O ser coletivo – superior a todos os seres individuais – não apenas determina a liberdade individual como também a consagra e assim lhe comunica uma nova natureza. A liberdade de um indivíduo se baseia agora, não na quantidade de energia disponível a ele, mas em sua obrigação, vinda do contrato fundamental de respeitar a vontade geral. É isso que torna a liberdade individual um direito.

O mesmo vale para a igualdade. No estado de natureza, cada homem possui o que pode. Mas essa posse "é simplesmente o efeito da força" *(ibid.)*. Embora o privilégio do primeiro ocupante tenha uma base moral mais firme que o privilégio do mais forte, ele também se torna "um direito real apenas quando o direito de propriedade já foi estabelecido", ou seja, após o estabelecimento do estado civil. Cada membro da comunidade se entrega a ela com toda a propriedade que possui de fato. Toda essa propriedade junta torna-se o território público. A sociedade restitui – ou ao menos pode restituir – aos cidadãos o que recebeu dessa forma. Mas as circunstâncias dessa nova posse são bem diferentes. Os cidadãos passam a possuir sua propriedade não mais a título privado, mas como "depositários do bem público". A usurpação, assim, é transformada "em um verdadeiro direito e o usufruto, em propriedade" (I, 9), pois eles são baseados na obrigação de cada indivíduo de se contentar com o que lhe é concedido. "Tendo recebido seu quinhão, ele deve se limitar a ele" para estar de acordo com a vontade geral (*ibid.*). "É por isso que o direito do primeiro ocupante, que no estado de natureza é tão fraco, recebe o respeito de todos os homens da sociedade civil. Nesse direito não respeitamos tanto aquilo que pertence ao outro quanto aquilo que não pertence a nós mesmos." Isso, na verdade, não pode bastar para instituir qualquer tipo de igualdade. Se a sociedade consagrasse o direito do primeiro ocupante sem subordiná-lo a qualquer regra, na maioria dos casos ela estaria simplesmente consagrando a desigualdade. O exercício desse direito deve, portanto, ser sujeito a certas condições: 1) o território deve estar livre no momento da ocupação; 2) um indivíduo só deve ocupar a terra de que precisa para sobreviver; 3) ele deve se apossar dela não com uma cerimônia vazia, mas com trabalho. Essas três condições, particularmente a segunda, protegem a igualdade. Se, porém, a igualdade se torna um direito, não será por virtude desses três princípios, mas essencialmente porque a comunidade lhe imprime esse caráter. Não é porque essas três regras são o que são, mas porque refletem a vontade geral, que a distribuição igual de bens que advém delas é justa e o sistema assim estabelecido deve ser respeitado. Desse modo, "o pacto fundamental substitui por uma igualdade moral e legitima a desigualdade física que a natureza poderia ter posto entre os homens" (Livro I, últimas linhas).

A passagem do estado de natureza para o estado civil produz "uma mudança muito notável" no homem. Ela resulta em uma transformação da ordem de fato para uma ordem de direito e no nascimento da moralidade (I, 8). As palavras "dever" e "direito" não têm sentido antes de a sociedade se constituir, porque até então o homem "considerava apenas a si mesmo", ao passo que agora "ele se vê obrigado a agir segundo outros princípios". Acima dele há algo que ele é obrigado a levar em conta (o dever) e que seus semelhantes também são obrigados a levar em conta (o direito). "A virtude não é mais que a conformidade da vontade particular à geral" (*Economia política*).²² Mas seria um erro sério interpretar essa teoria como se ela implicasse que a moral se baseia na maior força material resultante da combinação das forças individuais. Esse poder coercivo, sem dúvida, é importante; ele garante os direitos que passam a existir com o estado civil, mas não os cria. A vontade geral deve ser respeitada, não porque é mais forte mas porque é geral. Para que haja justiça entre os indivíduos, deve haver algo exterior a eles, um ser *sui generis*, que age como árbitro e determina o direito. Esse algo é o ser social, que não deve sua supremacia moral à sua supremacia física, mas à sua natureza, que é superior à dos indivíduos. Ele tem a autoridade necessária para regular os interesses privados porque está acima deles, por não adotar partido na causa. Assim, a ordem moral transcende o indivíduo; ela não existe na natureza material ou imaterial, mas deve ser introduzida. Porém, ela exige uma base em um ser e, como não há um ser na natureza que satisfaça as condições necessárias, esse ser deve ser criado. Trata-se do corpo social. Em outras palavras, a moral não deriva analiticamente dos fatos. Para que as relações de fato se tornem morais, elas devem ser consagradas por uma autoridade que não pertença aos fatos. A ordem moral deve ser somada a eles sinteticamente. Para efetuar essa conexão sintética é necessária uma nova força: a *vontade geral*.

Portanto, é bem injusto que certos críticos tenham acusado Rousseau de contradizer a si mesmo ao condenar, por um lado, a alienação da liberdade individual em benefício de um déspota e, por outro, ao fazer dessa abdicação a base de seu sistema, quando feita em favor da comunidade. Se é imoral em um caso, dizem eles, por

---

22. Ao comparar o estado civil, assim concebido, ao estado de natureza, Rousseau exalta as vantagens do primeiro, "que transformou um animal grosseiro e estúpido em um homem e um ser inteligente" (*ibid.*). No mesmo trecho, na verdade, ele destaca a lamentável facilidade com que esse estado é corrompido e o homem atirado a uma situação inferior à sua situação original. Mesmo assim ele afirma que a humanidade, no sentido estrito da palavra, é contemporânea à sociedade e que o estado social é o mais perfeito, embora infelizmente a raça humana seja demasiado propensa a usá-lo mal (nota de Durkheim).

que não no outro? A razão é que as condições morais sob as quais ela ocorre não são sempre as mesmas. No primeiro caso, é injusto porque põe o homem sob a dependência de um único indivíduo, o que é a própria fonte de toda imoralidade. No segundo, ela o coloca sob a autoridade de uma força geral e impessoal que o governa e, sem reduzir sua liberdade, o transforma em um ser moral. A natureza dos limites aos quais ele é sujeito apenas passou de física a moral. A objeção surge apenas porque os críticos de Rousseau não conseguiram perceber a vasta diferença, do ponto de vista moral, entre a vontade geral e a individual.

# Da soberania em geral

O corpo político instituído pelo *Contrato Social*, enquanto força de todos os direitos, deveres e poderes, é chamado *soberano*. Quais os atributos da soberania e como ela se afirma?

A soberania é "o exercício da vontade geral". É o poder coletivo dirigido pela vontade coletiva. Mas em que consiste exatamente a vontade coletiva?

A vontade geral é composta de todas as vontades individuais. "Ela deve partir de todos" (II, 4). Mas essa primeira condição não basta. A vontade de todos não é, ou ao menos não necessariamente, a vontade geral. A primeira "não é mais que uma soma de vontades particulares" (II, 3). O objeto ao qual se aplicam todas as vontades individuais também deve ser geral. "A vontade geral, para realmente sê-lo, deve ser geral em seu objeto assim como em sua essência... deve vir de todos para se aplicar a todos" (II, 4). Em outras palavras, ela é o produto da deliberação das vontades individuais sobre uma questão que interessa ao corpo da nação, sobre um assunto de interesse comum. Mas a palavra "interesse" também deve ser propriamente compreendida.

Concebemos, às vezes, o interesse coletivo como o interesse próprio ao corpo social, que é visto então como um novo tipo de personalidade com necessidades especiais diferentes das sentidas pelos indivíduos. Mesmo nesse sentido, na verdade, tudo o que é útil ou necessário à sociedade interessa aos indivíduos porque eles sentem os efeitos das condições sociais. Mas esse interesse é apenas indireto. A utilidade coletiva tem um certo caráter próprio. Não é definida em função do indivíduo visto sob um ou outro aspecto, mas em função do ser social considerado em sua unidade orgânica. Essa não é a concepção de Rousseau. Segundo seu ponto de vista, tudo o que é útil a todos é útil a cada um. O interesse comum é o interesse do individuo médio. O interesse geral é o de todos os indivíduos que desejam o que é mais apropriado, não a esta ou aquela pessoa em particular, mas, dados o estado civil e as condições determinadas da sociedade, a cada cidadão. Ele passa a existir quando "todos querem a felicidade de cada um deles" (*ibid.*). E o indivíduo é de tal forma seu objeto que existe um certo egoísmo, pois "não há uma pessoa que não se aproprie da expressão "cada um" pensando em si mesmo ao votar por todos. O que prova que a igualdade de direitos e a idéia de justiça que essa igualdade produz se origina na preferência que cada um dá a si mesmo e, conseqüentemente, na natureza do homem" (*ibid.*).

Assim, para que a vontade geral se manifeste, não é necessário, ou mesmo desejável, que todas as vontades individuais se unam em uma deliberação efetiva, como seria indispensável se a vontade geral fosse algo diferente dos elementos de que resulta, pois então esses elementos teriam de ser postos em contato entre si e combinados antes que seu resultante pudesse emergir. Pelo contrário, o ideal seria que cada indivíduo exercesse seu quinhão de soberania separadamente dos outros. "Se, quando o povo informado delibera, os cidadãos não tivessem qualquer comunicação entre si... a decisão continuaria a ser boa" (II, 3). Qualquer agrupamento intermediário entre os cidadãos e o Estado não poderia deixar de ser danoso sob esse aspecto. "É portanto essencial, para que a vontade geral seja capaz de expressar-se, que não haja sociedade parcial no Estado e que cada cidadão tivesse apenas seus próprios pensamentos" (*ibid.*). Assim, se cada indivíduo votar independentemente de seu vizinho, haverá tantos votos quanto indivíduos e, conseqüentemente, um número maior de pequenas diferenças, que por sua fraqueza desaparecerão em meio ao todo. Apenas aquilo que não pertence a uma disposição individual sobreviverá. Daí a vontade coletiva tenderá naturalmente ao objeto que lhe é próprio. Mas se se formar em grupos individuais, cada um terá sua vontade coletiva, geral em relação a seus membros, mas individual, em relação ao Estado, e dessas vontades coletivas surgirá o soberano. Mas precisamente por serem essas vontades elementares em pequeno número é mais difícil que seus caracteres diferenciais se fundam. Quanto menos elementos formarem um tipo, menos geral será esse tipo. A vontade pública correrá mais risco de desviar-se para fins particulares. Se um desses grupos chegar a se tornar predominante, restará apenas uma única diferença "e a opinião que prevalece não passará de uma opinião particular"(*ibid.*). Nessa teoria, reconhecemos o horror a todo particularismo, a concepção unitária da sociedade, que foi uma das características da Revolução Francesa.

Em suma, a vontade geral é a média aritmética de todas as vontades individuais na medida em que seu objetivo político é um tipo de egoísmo abstrato. Seria difícil a Rousseau transcender esse ideal, pois se a sociedade é fundada por indivíduos, se eles a considerarem apenas um instrumento com o qual podem se proteger sob circunstâncias particulares, ela só pode ter um objetivo individual. Mas, por outro lado, como a sociedade não é natural ao indivíduo, concebido como eminentemente dotado de uma tendência centrífuga, o objetivo social deve ser despido de todo caráter individual. Ele só pode ser, então, algo muito abstrato e impessoal. Mesmo assim, para atingi-lo, só se pode voltar-se ao indivíduo. Ele é o único órgão da sociedade, já que é seu único criador. Todavia, é necessário submergi-lo na massa para modificar sua natureza tanto quanto possível e evitar que aja como indivíduo. Tudo o que tenha uma natureza capaz de facilitar a ação individual deve ser considerado perigoso. Assim, encontramos em toda parte as duas tendências antitéticas da doutrina de Rousseau. Por um lado, a sociedade como um mero instrumento para uso do indivíduo; por outro, o indivíduo dependente da sociedade, que transcende em muito a multidão de indivíduos.

Uma última observação advém do que se disse. Como a vontade geral é definida principalmente por seu objeto, ela não reside apenas ou mesmo essencialmente no ato específico do querer coletivo. Ela não é ela mesma simplesmente porque todos participam dela. Os cidadãos reunidos podem chegar a uma decisão que não expresse a vontade geral. "Isso pressupõe", diz Rousseau, "que todas as características da vontade geral ainda residem na pluralidade; quando deixarem de assim ser, não importa o lado que se tome, a liberdade não será mais possível" (IV, 2). Por isso a pluralidade não é condição suficiente. Os indivíduos que colaboram na formação da vontade geral devem se esforçar pelo fim sem o qual ela não existe, ou seja, o interesse geral. O princípio de Rousseau difere daquele que às vezes é invocado para justificar o despotismo das maiorias. Se a comunidade deve ser obedecida, não é porque ela comanda, mas porque comanda o bem comum. O interesse comum não é decretado; ele não existe por lei; ele é exterior à lei e ela só será o que deve ser se expressar o interesse comum. Por isso, o número de votos é coisa secundária. "O que torna a vontade geral é menos o número de votantes que o interesse comum que os une" (II, 4). Longos debates e deliberações inflamadas, longe de serem o meio natural em que a vontade geral é elaborada, "proclamam a ascendência dos interesses individuais e o declínio do Estado" (IV, 2). Quando a sociedade está em perfeita saúde, toda essa complicada maquinaria é desnecessária para a confecção das leis. "O primeiro a propô-las apenas diz o que todos já sentiram" (IV, 1). Em outras palavras, a vontade geral não é formada pelo estado da mente coletiva no momento em que a resolução é tomada; esse é apenas o aspecto mais superficial do fenômeno. Para compreendê-lo corretamente, devemos olhar mais embaixo, nas esferas menos conscientes, e examinar os hábitos, tendências e costumes das pessoas. Os costumes são "a verdadeira constituição do Estado" (II, 2). A vontade geral, assim, é uma orientação de mentes fixas e constantes e atividades em uma direção determinada, a do interesse geral. É uma disposição persistente nos indivíduos. E como a própria direção depende de condições objetivas (a saber, o interesse geral), disso advém que há algo objetivo a respeito do interesse geral em si. É por isso que Rousseau freqüentemente fala dele como uma força que age com a mesma inevitabilidade que a força física. Chega mesmo a dizer que é "indestrutível" (IV, 1).

A soberania é simplesmente a força coletiva – tal como estabelecida pelo pacto fundamental – a serviço da vontade geral (II, 4, início). Agora que conhecemos os dois elementos dos quais ela resulta, não teremos dificuldade em determinar sua natureza:

1. A soberania é inalienável. Isso significa que não pode nem mesmo ser exercida por representação. "Sempre que se trata de um verdadeiro ato de soberania, o povo não pode ter representantes" (*Obras inéditas*, ed. Dreyfus, Streckeisen-Moultou, p. 47, n. 2). A soberania poderia ser alienada apenas se a vontade geral pudesse ser exercida por intermédio de uma ou mais vontades individuais. Mas isso não é possível, já que esses dois tipos de vontade têm naturezas demasiado diferentes e se movem em sentidos divergentes. Uma se move em direção ao geral, portanto à igualdade; a outra ao particular, e portanto às preferências. As duas podem estar acidentalmente em hamonia por um curto tempo, mas como essa harmonia não resulta de sua natureza ela não é garantia de permanência. O soberano, por acaso, pode querer o que um determinado indivíduo quer hoje, mas que garantia pode haver de que essa harmonia ainda existirá amanhã?

Em suma, como o ser coletivo é *sui generis*, por ser o único de sua espécie, não pode ser representado por outro ser além de si mesmo sem deixar de ser ele próprio (II, 4).

2. A soberania é indivisível. Ela só pode ser dividida se uma parte da sociedade decidir pelo restante. Mas a vontade desse grupo privilegiado não é geral; conseqüentemente, o poder de que ela pensa dispor não é soberania. O soberano é composto de partes, mas o poder soberano resultante dessa composição é um só. Em cada uma de suas manifestações, ele não pode deixar de ser inteiro, pois existe apenas se todas as vontades individuais entrarem nele como elementos.

Mas embora seja indivisível em princípio, ela não poderia ser dividida em seu objetivo? Na base dessa idéia, já se disse algumas vezes que o poder legislativo é uma parte da soberania e o executivo é outra, e que esses dois poderes parciais estão no mesmo nível. Mas isso é como dizer que um homem é feito de vários homens, um dos quais tem olhos mas não tem braços, o outro tem braços mas não tem olhos e assim por diante. Se cada um desses poderes é soberano, ambos têm todos os atributos da soberania. São manifestações diferentes de soberania; não podem ser partes diferentes dela.

Esse argumento prova que a unidade atribuída por Rousseau ao poder soberano não é orgânica. Esse poder não é constituído por um sistema de forças diversas e interdependentes, mas por uma força homogênea, e sua unidade resulta de sua homogeneidade. Ela vem do fato de que todos os cidadãos devem contribuir para a formação da vontade geral e devem se unir para que todos os caracteres diferenciais sejam eliminados. Não há ato soberano que não venha do povo inteiro, pois, de outra forma, ele seria o ato de uma associação particular. Assim podemos entender melhor o que Rousseau quis dizer com sua freqüente comparação da sociedade com um corpo vivo. Ele não a concebia como um todo formado por partes distintas, que funcionam juntas exatamente por serem diferentes. Mais que isso, sua visão é de que ela é ou deve ser animada por uma alma única e indivisível que move todas as partes na mesma direção, privando-as, na mesma medida, de todo movimento independente. Essa comparação baseia-se em uma concepção vitalista e substancialista da vida e da sociedade. O corpo animal e o corpo social são movidos cada um por uma força vital, cuja ação sinérgica produz a cooperação entre as partes. Rousseau certamente conhecia a importância da divisão de funções; e, mesmo a esse respeito, sua analogia se sustenta. Todavia, essa divisão de trabalhos é para ele um fenômeno secundário e derivativo que não cria a unidade do indivíduo ou o organismo coletivo, mas antes o pressupõe. Assim, uma vez que a autoridade soberana tenha sido constituída em sua unidade indivisível, ela pode gerar diversos órgãos (corpos executivos) que encarrega, sob seu controle, da tarefa de implementá-la. As partes que assim passam a existir não são partes, mas emanações do poder soberano, ao qual permanecem sempre subordinadas, encontrando nele e por ele sua unidade. A solidariedade social, em suma, resulta das leis que ligam os indivíduos ao grupo e não uns aos outros. Eles são ligados uns aos outros apenas porque estão ligados à comunidade, ou seja, alienados dentro dela. O individualismo igualitário de Rousseau não lhe permitia adotar um outro ponto de vista.

3. Não há controle da soberania. O soberano não tem de responder a seus súditos (I, 7). Isso é evidente em si mesmo, já que não há força superior à força coletiva que constitui o poder soberano. Além disso, qualquer controle seria inútil, pois "a vontade geral está sempre certa e tende à utilidade pública" (II, 3). De fato, a condição necessária e suficiente da vontade geral é que cada indivíduo deseje o que pareça ser útil a todos em geral. Ela caminha para seu fim, ou seja, "para a preservação e o bem-estar do todo" (*Economia política*) com tanta segurança quanto a vontade pessoal do homem natural caminha para sua felicidade e preservação pessoal. Ela pode, é claro, enganar-se às vezes. O que lhe parece mais útil a todos pode não sê-lo de fato. Nesse caso, a culpa não é da vontade, mas do julgamento. "Nossa vontade é sempre para nosso bem, mas nem sempre vemos qual é; o povo nunca é corrompido, mas muitas vezes é enganado" (II, 3). "A vontade geral está sempre certa, mas o julgamento que a guia nem sempre é esclarecido" (II, 6). Os erros ocorrem particularmente quando grupos especiais se formam dentro do Estado. Se eles obtêm o controle, seus membros buscam o que é vantajoso para um determinado partido, associação ou indivíduo, e não o que é vantajoso para todos. Os interesses particulares tornam-se dominantes. Todavia, a vontade geral não é por isso destruída ou corrompida; ela é simplesmente "vinculada", ou seja, subordinada a vontades individuais. Ela permanece inalterável e continua a caminhar para seu fim natural, mas é impedida de agir por forças contrárias (IV, 1).

Mas se não há controles sobre a soberania, seria ela irrestrita? Quando o Estado faz apelo ao cidadão, este deve prestar-lhe todo o serviço que puder. Todavia, o soberano não deve pedir ao súdito que faça qualquer sacrifício que não seja a serviço de todos. Haveria um critério que permita distinguir entre os sacrifícios legítimos e os outros? Basta consultar as proposições que precedem. A vontade geral é infalível quando é ela mesma. Ela é ela mesma quando emana de todos e é dirigida para a coletividade em geral. Mas é falsa à sua natureza e geral apenas em nome "quando é dirigida a algum objeto individual e determinado" (II, 4). Ela não pode avaliar um homem, nem um fato. É competente quando avalia o corpo da nação indistintamente, porque o árbitro e a parte na disputa são o mesmo ser visto de pontos de vista diferentes. O soberano é o povo em ação; o povo é o soberano em estado de passividade. Mas quando a vontade do soberano lida com uma questão individual, os dois termos são heterogêneos. Por um lado, há o público (excetuando-se o indivíduo interessado) e, por outro, o indivíduo em questão. Assim, "o caso se torna litigioso"; deixamos de ver "qual é o juiz que deve dar a decisão" (*ibid.*). Mas a vontade exercida nesse caso não é mais, estritamente falando, a vontade geral, pois não é mais a vontade do todo. Este, menos uma parte, não é mais um todo. Não há mais um todo, mas apenas partes desiguais. Que direito uma teria de impor a lei às outras (II, 6)? (Aqui temos mais um exemplo da concepção segundo a qual Rousseau tenta estabelecer uma força superior aos indivíduos, que os domina embora tenha a mesma natureza que eles.)

Uma vez estabelecido esse princípio, dele se segue naturalmente uma limitação à soberania. Um ato legítimo de soberania é aquele em que o soberano reconhece apenas o corpo da nação, sem distinguir quaisquer de seus componentes individuais. Assim, não se trata de um acordo entre superior e inferior (como a escravidão), mas entre o corpo em suas partes; em suma, entre o corpo e ele próprio. Qualquer outro modo de ação é ilegítimo. De onde se segue que, por mais absoluto que seja o poder soberano, ele tem limites. "Ele não ultrapassa nem pode ultrapassar os limites das convenções gerais" (II, 4). Conseqüentemente, por mais completa que seja a alienação que o indivíduo faz de si mesmo, ele não deixa de conservar seus direitos. "Todo homem pode dispor à vontade dos bens e da liberdade que lhe foram deixados por essas convenções" (*ibid.*). É o que Rousseau quer dizer quando, em uma contradição apenas aparente, declara que os indivíduos se entregam plenamente ao Estado e distingue "os direitos respectivos dos cidadãos e do soberano" (*ibid.*).

Mas e se o poder soberano infringir esses direitos e exceder esses limites? De acordo com Rousseau, ele não pode nem deve, pois para isso ele teria que tender a um fim particular e conseqüentemente deixaria de ser ele mesmo. Quando essas violações ocorrem, não são cometidas pelo poder soberano, mas por indivíduos que tomaram seu lugar e usurparam sua autoridade. Por isso, não há obrigação de obedecer (comparar com Kant).

# Da lei em geral

Os capítulos 1 a 6 do Livro II tratam do poder soberano em repouso; os capítulos 6 a 12 o consideram em movimento. Rousseau passa do estático ao dinâmico. O corpo político foi formado; agora ele o descreverá em ação.

O ato pelo qual a vontade soberana se manifesta é a lei. Ela tem como objeto fixar os direitos de cada indivíduo de modo a assegurar um equilíbrio entre as partes que compõem a sociedade. Assim, elas são o verdadeiro objeto e a razão de ser da organização social. Por isso, Rousseau não hesita em chamá-las "a fonte do justo e do injusto em relação aos membros do Estado" (*Economia política*). Não que a justiça possa ser criada arbitrariamente, por um ato de vontade, como Hobbes, por exemplo, pensava. "O que é bom e conforme à ordem o é pela natureza das coisas e independentemente das convenções humanas. Toda justiça vem de Deus" (II, 6). Mas essa justiça, que é imanente nas coisas, é apenas virtual; é preciso traduzi-la em ato. A lei divina é inoperante enquanto não se torna uma lei humana.

Essa é a função da lei, que se confunde com a do soberano; é o supremo árbitro dos interesses individuais. Mas o que exatamente é a lei? Ela se define naturalmente em termos da vontade geral, pois resulta da aplicação de todas as vontades ao corpo da nação como um todo. "Quando todo o povo decide por todo o povo, forma-se, então, uma relação do objeto inteiro sob um ponto de vista com o objeto inteiro sob outro ponto de vista. A esse ato chamo uma lei" (*ibid.*). Essa é uma nova prova de que, fundamentalmente, apesar dos esforços de Rousseau para sobrepor um ao outro, há apenas uma diferença de ponto de vista entre o árbitro e as partes, entre o corpo da sociedade e a massa de indivíduos. Disso resultam diversas conseqüências: 1) a lei, como a vontade geral que expressa, não pode ter objeto individual. Ela pode criar privilégios, mas não conferi-los a alguém em particular. Isso é o contrário do que sustentava Hobbes: "As leis são feitas para Tito e Caio, e não para o corpo do Estado" (*De Cive*, XII). A razão dessa diferença é que Hobbes admitia uma clara linha de demarcação entre a autoridade soberana e a multidão dos súditos. Os primeiros, afirmava, eram externos aos últimos e impunham sua vontade a cada indivíduo. A atividade do soberano, assim, dirigia-se necessariamente a uma pessoa ou pessoas situadas fora dessa atividade. Para Rousseau, embora em um sentido a autoridade soberana transcenda infinitamente todos os indivíduos, não é mais que um aspecto deles. Quando ela legisla sobre eles, está legislando para si mesma e o poder legislativo que exerce "reside" neles. 2) Pela mesma razão, a lei deve emanar de todos. Ela reúne "a universalidade da vontade com a universalidade do objeto". O que é ordenado por um homem não é uma lei, mas um decreto, um ato executivo e não um ato de soberania. 3) Como é o corpo da nação que legisla por si mesmo, a lei não pode ser injusta, pois "ninguém é injusto consigo mesmo" (II, 6). O geral é o critério do justo. Por sua natureza, o geral vai ao encontro do geral. São os magistrados que pervertem a lei porque são seus intermediários individuais (ver a *9ª Carta da Montanha*).

Mas o povo sozinho não é competente para fazer a lei. Embora ele sempre deseje o bem, nem sempre sabe o que ele é. Precisa de alguém para esclarecê-lo. Essa é a função do legislador.

É surpreendente ver que Rousseau dá tanta importância ao legislador, que é necessariamente um indivíduo. Parece haver uma contradição entre fazer de um indivíduo a fonte da lei quando o indivíduo foi apresentado como a fonte da imoralidade. Rousseau tem consciência disso. Reconhece que a natureza humana em si não é adequada a essa função, que exige um homem com uma compreensão profunda do coração humano e que, ao mesmo tempo, seja suficientemente impessoal para elevar-se acima das paixões humanas e interesses individuais. Uma pessoa desse tipo só pode ser um "ser extraordinário", uma espécie de deus, que Rousseau postula, por assim dizer, como a condição necessária para a boa legislação, embora não esteja seguro de que essa condição sempre esteja presente. "Seria preciso deuses para dar leis aos homens."

A dificuldade se deve não apenas ao fato de que essa missão exige um gênio extraordinário, mas também à antinomia em que implica. Pois para fazer leis é preciso desnaturar a natureza humana, transformar o todo em parte, o indivíduo em cidadão (II, 7). Que poderes tem o legislador para realizar uma tarefa tão laboriosa? Nenhum. Ele não pode ter uma força efetiva para realizar suas idéias, pois, se tivesse, ficaria no lugar da autoridade soberana. Os homens seriam governados por um indivíduo. Por mais sábia que uma vontade individual possa ser, ela não pode substituir a vontade geral. "Aquele que comanda as leis não deve comandar os homens." Ele só pode propor. Apenas o povo decide. "Assim, na obra da legislação, encontramos duas coisas que parecem incompatíveis: uma empreitada acima da força humana e, para executá-la, uma autoridade que não é autoridade" (*ibid.*). Nesse caso, como ele pode se fazer obedecer? É preciso lembrar que quando ele empreende a tarefa ainda não há costumes sociais estabelecidos para facilitá-la. Muito provavelmente ele não será compreendido. "Para que um povo jovem possa provar os sadios princípios da política, o efeito teria de se tornar a causa e os homens teriam de ser antes da lei o que devem tornar-se graças a ela" (*ibid.*).

Historicamente, os legisladores só ultrapassaram essas dificuldades ao revestir um caráter religioso. Aos olhos da nação, as leis do Estado adquiriam assim a mesma autoridade das leis da natureza, já que ambas tinham a mesma origem. Os homens se inclinavam a elas, "reconhecendo o mesmo poder na formação do homem e na da cidade" (II, 7). Assim, quando as nações se formam, a religião deve servir como "instrumento" da política (*ibid.*, últimas linhas). Todavia,

Rousseau não quer dizer com isso que, para fundar uma sociedade, basta que se façam os oráculos falarem a coisa certa. Um respeito religioso deve ser imposto, antes de tudo, pela própria pessoa do legislador, pelo gênio pessoal que nele fala. "A grande alma do legislador é o único milagre que pode provar sua missão." Talvez isso nos ajude a entender por que Rousseau não considera essas apoteoses totalmente impossíveis, mesmo no futuro.

Mas há outros pré-requisitos para a boa legislação. Não basta que um legislador guie a atividade coletiva aplicada ao corpo da nação. Determinadas condições também devem existir no povo:

1. Uma vez que a natureza humana se fixa, ela não pode mais ser modificada. A transformação profunda que o legislador deve operar pressupõe que o homem ainda esteja maleável. Portanto, só é possível no caso de povos ainda jovens e livres de preconceitos. Mas também seria um erro tentar essa transformação prematuramente. Um povo demasiado jovem não está pronto para a disciplina e apenas uma ordem externa poderia ser imposta a ele. Assim, há um momento crítico que deve ser aproveitado antes que passe. Na verdade, as revoluções podem, às vezes, devolver a plasticidade à substância social ao destruir completamente os antigos moldes. Mas essas crises salutares são raras e, além disso, para serem efetivas não podem ocorrer demasiado tarde na história da nação, pois uma vez que as forças sociais tenham perdido sua tensão, uma vez que "a mola civil esteja gasta", as revoltas podem destruir o que existia sem substituí-lo.

2. A nação deve ter um tamanho normal. Não pode ser demasiado grande, pois careceria da homogeneidade sem a qual não pode haver vontade geral. Também não deve ser tão pequena a ponto de não poder se manter. Mas o tamanho excessivo é o perigo maior, pois antes de tudo o mais importante é uma boa estrutura interna, que não pode existir se o Estado for excessivamente extenso. Nada há de surpreendente nessa observação. Todo o *Contrato Social* favorece o estabelecimento de uma pequena sociedade segundo o modelo da antiga cidade-estado da República de Genebra.

3. A nação deve "gozar de paz e abundância" no momento em que é instituída, pois esse é um momento de crise em que o corpo político "é menos capaz de oferecer resistência e mais fácil de destruir" (II, 10).

Assim, segundo Rousseau, a instituição da legislação é uma obra delicada, complicada, árdua e de sucesso incerto. É preciso que, por um acidente feliz e imprevisível, surja um legislador para guiar o povo. Como vimos, esses indivíduos são poucos e esparsos; aparecem quase que por milagre. A nação deve ter atingido o grau exato de maturidade e não deve ser muito grande; em outras palavras, precisa ter chegado à condição interna conveniente. Se alguns desses requisitos não for cumprido, o resultado é o fracasso. Essa concepção é uma conseqüência lógica das premissas de Rousseau e ao mesmo tempo explica seu pessimismo histórico. Embora não seja necessariamente contrária à natureza, a sociedade não surge dela naturalmente. O desenvolvimento de sementes que, embora presentes, são infinitamente afastadas do ato e a descoberta de uma forma de desenvolvimento apropriada a elas, mas que não entre em conflito com as tendências mais básicas do homem natural, não pode deixar de ser uma operação muito difícil. Estabelecer um equilíbrio estável entre forças que não foram constituídas naturalmente de modo a formar um todo sistemático, fazê-lo sem violência, mudar o homem e ao mesmo tempo respeitar sua natureza, é, de fato, uma tarefa que pode exceder em muito as forças humanas. Rousseau não tem por que se surpreender com o pequeno número de casos em que (a seu ver) a humanidade se aproximou desse ideal.

# Das leis políticas em particular

O objeto das leis pode ser expressar a relação entre o todo e o todo, ou seja, entre o conjunto de cidadãos considerados soberanos e o conjunto de cidadãos considerados súditos. Estamos falando das leis políticas, que indicam o modo como a sociedade é constituída. As leis civis são as que determinam as relações entre o soberano e os súditos ou os súditos entre si. As leis penais são as que decretam sanções para violações às outras leis (de forma que a sanção civil se torna sanção penal). A esses três tipos de lei Rousseau acrescenta um quarto, os costumes, modos e acima de tudo a opinião pública, que para ele é a pedra fundamental do sistema social (II, 12, *in fine*). Ele se refere aos modos coletivos de pensar e agir que, sem assumir uma forma explícita e estabelecida, determinam a mentalidade e comportamento dos seres humanos exatamente como fariam as leis formais. É bastante interessante que ele aproxime de tal forma o costume difuso e a lei escrita.

Rousseau se ocupa apenas das leis relevantes ao estabelecimento da ordem social, ou seja, as leis políticas.

Assim como a vontade individual só pode ser manifestada com a ajuda de uma energia física, a vontade geral também só pode ser implementada por intermédio de uma força coletiva. Essa força é o poder executivo ou verno. Assim, o governo é um mediador flexível entre a vontade soberana e a massa de súditos ao qual ele deve ser aplicado, um intermediário entre o corpo político como soberano e o corpo político como Estado. Sua função não é fazer leis, mas zelar por sua execução. O *príncipe* é o conjunto de indivíduos encarregados dessas funções.

A força governamental pode, portanto, ser considerada uma média proporcional entre o soberano e o Estado. Em outras palavras, o soberano está para o governo assim como o governo está para a nação. O primeiro dá ordens ao segundo, que as transmite ao terceiro. A conexão entre esses três termos é tão estreita que um implica nos outros e não pode variar sem provocar uma variação nos outros. Se, por exemplo, a população de uma nação for dez vezes maior que a de outra, o quinhão de cada cidadão na autoridade soberana será dez vezes menor na primeira nação do que na segunda. Quanto maior essa distância entre a vontade individual e a vontade geral, de mais força o governo precisará para conter as divergências individuais. Mas quanto mais força o governo tiver, mais o soberano deve ter. Assim, dada a série S (soberano), G (governo) e P (povo), se P = 1 e se observarmos que S (razão duplicada) se tornou mais forte, podemos ter certeza de que o mesmo vale para G. De onde se segue que a constituição do governo é relativa ao tamanho do Estado e que não há forma única e absoluta de organização de governo (III, 1).

A questão essencial sugerida pelas fés políticas reduz-se à seguinte: quais são as diversas formas de governo e a quais diferentes condições elas correspondem?

Os governos sempre foram classificados de acordo com o número de pessoas que participam deles; eis como se distingue a democracia, a aristocracia e a monarquia. Rousseau não se contenta em repetir essa classificação tradicional. Ele tenta basear sua classificação na natureza das sociedades e mostrar que essas diferenças não são superficiais, mas enraizadas no que há de mais essencial na ordem social.

Em primeiro lugar, o número de governantes é importante porque a intensidade da força governamental depende diretamente dele, por duas razões: 1) O único poder que o governo tem é o que vem do soberano. Conseqüentemente, seu poder não aumenta se a sociedade permanecer no mesmo nível. Mas quanto mais membros o governo tiver e quanto mais for obrigado a usar seu poder sobre seus próprios membros, menos poder lhe restará para agir sobre o povo. Assim, quanto mais magistrados houver, mais fraco será o governo. 2) De acordo com a ordem natural, as vontades individuais são as mais ativas; a vontade geral tem sempre algo de mais frouxo e indeciso, justamente por ser artificial. As outras vontades coletivas podem ser classificadas entre esses dois extremos conforme seu grau de generalidade. Por outro lado, a ordem social pressupõe uma inversão dessa relação, na qual a vontade geral tem prioridade sobre as outras. Assim, se o governo estiver nas mãos de um único indivíduo, a vontade geral do corpo governamental, que se funde à vontade individual de uma pessoa, participa da intensidade desta e atinge um nível máximo de energia. E como do grau de vontade depende não a magnitude, mas o uso do poder, a atividade do governo estará em seu máximo. O oposto é verdadeiro se houver tantos governantes quantos súditos, ou seja, se o poder executivo estiver unido com o poder legislativo (democracia), pois só restará, então, a vontade geral com sua fraqueza natural (III, 2).

Vimos também que a força do governo deve aumentar com o tamanho do Estado. Disso advém que o número de governantes depende do tamanho da sociedade e por isso, de forma mais geral, que o número de magistrados "deve ser em razão inversa ao dos cidadãos" (III, 3). Assim, a força do governo, determinada pelo tamanho do órgão governamental, depende do tamanho do Estado.

Definidos esses princípios, parece haver nada mais a deduzir deles, exceto que "o governo democrático convém aos pequenos Estados, o governo aristocrático aos de tamanho médio e a monarquia aos grandes". É o que diz Rousseau (*ibid.*), mas ele não se limita a essas conclusões. Em vez disso, propõe-se a comparar os diversos governos para determinar qual o melhor. Aliás, não há contradição no problema que apresenta. Cada tipo de governo pode ser o melhor para um modo de existência em particular. Rousseau está longe de admitir que uma única forma pode ser apropriada a todos os países. No Livro III, cap. 8, ele prova expressamente o contrário (que nem toda forma de governo é apropriada para todos os países). Mas por outro lado, esses diferentes tipos de governo não satisfazem igualmente as condições ideais da ordem social. Quanto mais perfeitamente o reino coletivo reflete (embora em forma totalmente nova) as características essenciais do reino natural, mais perfeita será a ordem social. Os diversos tipos de governo atendem a esse requisito básico de diferentes maneiras. Dadas as leis que relacionam a natureza de um governo à natureza da sociedade, podemos colocar a questão da seguinte maneira: Quais são os limites normais da sociedade para que ela seja a imagem mais fiel possível – embora transformada – do estado de natureza?

Os princípios de Rousseau parecem permitir apenas uma resposta: é na democracia que a vontade geral domina as vontades individuais do modo mais satisfatório. A democracia, portanto, é a forma ideal de governo. Esse também é o ponto de vista de Rousseau, embora o ideal lhe pareça humanamente inatingível. "Se houvesse um povo de deuses, seu governo seria democrático. Um governo tão perfeito não convém aos homens" (III, 4). 1) Não é aconselhável que a vontade geral seja aplicada regularmente a casos individuais; essa prática poderia levar a confusões anormais e perigosas. 2) O exercício do poder executivo é contínuo e não é possível reunir continuamente o povo para tratar de negócios públicos. 3) Além disso, a democracia pressupõe condições quase impossíveis, um Estado pequeno em que todos se conhecem, em que haja igualdade quase absoluta e em que a moralidade seja elevada, porque a baixa atividade da vontade geral facilita o aparecimento de distúrbios. Rousseau diz, como Montesquieu, que seu princípio é a virtude, mas em sua opinião isso é justamente o que a torna impraticável (*ibid.*). Por razões opostas, a monarquia lhe parece o pior regime, já que em nenhum outro o indivíduo tem mais poder. O governo monárquico é forte porque tem as menores dimensões possíveis. Pode facilmente frustrar a vontade geral. Entre esses extremos está a aristocracia, que tende ao ideal democrático, mas é mais fácil de realizar. Por aristocracia ele se refere a uma sociedade em que o governo é formado por uma minoria escolhida pela idade e pela experiência, ou por eleição. Ele ainda distingue, é verdade, um terceiro tipo de aristocracia, em que as funções de governo são hereditárias, mas a considera uma forma anormal e ainda inferior à monarquia.

Embora a comparação de Rousseau não deixe de se inspirar em Montesquieu, suas conclusões são bem diferentes das tiradas por seu predecessor, que preferia aquilo a que chamava monarquia. A razão para essa diferença reside em uma concepção diversa de sociedade. Montesquieu concebia a sociedade cuja unidade não apenas não excluía o particularismo dos interesses individuais, como já o supunha e resultava dele. Para ele, a harmonia social resultava da divisão de funções e do serviço mútuo. Havia elos diretos entre os indivíduos e a coesão do todo era apenas uma resultante de todas as afinidades individuais. Montesquieu achava que essa comunidade era bem representada pela sociedade medieval francesa, complementada pelas instituições inglesas. Rousseau, por outro lado, acreditava que a vontade individual é hostil à vontade comum. "Em um perfeito ato de legislação, a vontade individual ou particular deve ser nula" (III,

2). Os elos entre indivíduos devem ser reduzidos a um mínimo. "A relação social (de que tratam as leis) é a dos membros entre si ou com o corpo inteiro; e essa relação deve ser, no primeiro caso, tão pequena, e no segundo tão grande quanto possível. Cada cidadão seria então perfeitamente independente de todos os outros e ao mesmo tempo muito dependente da cidade" (II, 12). Pois é dessa maneira que a sociedade imitará melhor o estado de natureza em que o indivíduo não tem laços com outros e depende apenas de uma força geral, a natureza. Essa coesão é possível apenas em uma nação que se estenda por uma área não muito grande, em que a sociedade esteja presente por toda parte e em que as condições de existência sejam muito semelhantes para todos. Em uma grande nação, por outro lado, a diversidade de grupos multiplica as tendências individualistas. Cada pessoa tende a perseguir seus interesses particulares e, conseqüentemente, a unidade política só pode ser mantida com um governo tão forte que substitua a vontade geral e degenere em um despotismo (II, 9). O mesmo vale para a exclusão de grupos secundários.

Toda essa teoria de governo se baseia em uma contradição. Dado seu princípio fundamental, Rousseau pode aceitar apenas uma sociedade em que a vontade geral seja a senhora absoluta. Todavia, embora a vontade governamental seja individual, ela representa um papel essencial no Estado. Na verdade, "o governo (existe) apenas por meio do soberano" (III, 10); "sua força é apenas a força pública concentrada em suas mãos" (*ibid.*). Em princípio, ele deve apenas obedecer. Não obstante, uma vez estabelecido, é capaz de uma ação própria. Precisa de "um eu particular, uma sensibilidade comum a seus membros, uma força, uma vontade própria que tenda à conservação" (*ibid.*). É uma ameaça constante, mas é indispensável. Assim, há uma tendência a reduzi-lo ao mínimo e ao mesmo tempo o sentimento de sua necessidade. Isso explica a solução média adotada por Rousseau ao pôr a aristocracia acima de todos os outros tipos de governo.

O governo é um elemento tão adventício na ordem social que as sociedades só morrem por serem governadas. O governo é seu elemento corruptível e corruptor. Em virtude de sua natureza, ele "faz um esforço contínuo contra a soberania" (III, 10). Como não há outra vontade individual forte o bastante para contrabalançar a do príncipe e como a vontade geral sofre de uma fraqueza constitucional, o poder governamental, cedo ou tarde, ficará por cima. Essa é a ruína do estado social. "Eis a falha inerente e inevitável que, desde o nascimento do corpo político, tende incessantemente a destruí-lo" (III, 10), a causa única da deterioração gradual que necessariamente causa sua morte. Esse estado mórbido pode se realizar de duas maneiras. Ou, sem qualquer mudança nas condições gerais do Estado, o governo fica mais concentrado e adquire assim uma força que não tem relação com as dimensões da sociedade, ou então o governo, como um corpo, usurpa o poder soberano, ou os magistrados, como indivíduos, usurpam o poder que deveriam exercer apenas como corpo. No primeiro caso, o vínculo orgânico entre o governo e o povo é rompido; a associação se desintegra e nada resta além de um núcleo composto dos membros do governo. Eles constituem, então, por si mesmos, um tipo de Estado, mas um Estado cuja única relação com a massa de indivíduos é a de mestre e escravo. Pois uma vez que o acordo é quebrado, a obediência dos súditos só pode ser mantida pela força. No segundo caso, o Estado se desintegra porque tem muitos líderes como governantes e porque a divisão do governo necessariamente se comunica ao Estado. Esse segundo tipo de desintegração nasce da substituição da vontade geral do corpo executivo pela vontade pessoal de cada magistrado, assim como o primeiro tipo resulta da substituição da vontade geral do corpo político pela vontade geral do corpo governamental (*ibid.*).

A existência de um governo está em contradição tão aguda com os princípios gerais de filosofia social de Rousseau que mesmo sua gênese é difícil de explicar. A vontade geral, que é a fonte de toda autoridade, pode tratar apenas de assuntos gerais; senão, deixa de ser ela mesma. Ela pode decidir então a forma geral de governo. Mas quem deve designar os líderes? Essa operação é um ato particular e, portanto, da alçada do governo, o qual, justamente, deve ser constituído. Rousseau reconhece esse problema: "A dificuldade é entender como é possível haver um ato de governo antes que o governo exista" (III, 17). Ele não o resolve, mas o contorna. O corpo político, diz, é transformado "por uma conversão súbita", de soberano que era em governo. Conseqüentemente, realiza atos particulares em vez de atos gerais. Esse aspecto duplo do corpo de cidadãos, que ora é poder legislativo, ora poder executivo, é característico da democracia. Em outras palavras, a democracia, logicamente falando, foi um fator necessário na gênese de todos os governos. Apesar de alguns exemplos tirados da história do parlamento inglês, nos quais Rousseau pensa encontrar transmutações desse tipo, é difícil não considerar seu procedimento artificial. E essa objeção pode ser generalizada. Dissemos que todos os governos, tendo caráter individual, são contraditórios à ordem social, e que, conseqüentemente, a única forma política livre de contradição é a democracia, já que a vontade governamental em uma democracia é reduzida a nada e a vontade geral é onipotente. Mas, por outro lado, também se pode dizer que, no sistema de Rousseau, a democracia também é autocontraditória, pois a vontade geral pode se manifestar apenas ao aplicar-se a casos particulares. Pressupõe-se, assim, que ela não é o governo. Não fica claro por que a incompetência em todas as questões particulares, atribuídas a ela por princípio, desaparece apenas porque o corpo político passa a ser chamado de "governo" e não mais de "soberano". Essa antinomia vem da concepção geral de soberano como outro aspecto do povo. Fica claro que não há lugar para um intermediário entre dois aspectos da mesma realidade. Por outro lado, porém, a vontade geral, por falta de um intermediário, permanece confinada em si mesma, ou seja, pode mover-se apenas em uma esfera de universais sem se expressar concretamente. Essa mesma concepção é conseqüência do fato de que Rousseau vê apenas dois pólos da realidade humana: o indivíduo abstrato e geral, que é o agente e o objetivo da vida social, e o indivíduo concreto e empírico, que é o antagonista de toda existência coletiva. Ele não percebe que, embora em um sentido os dois pólos sejam irreconciliáveis, o primeiro, sem o segundo, não passa de uma entidade lógica.

Seja como for, uma vez que o único perigo vital para a sociedade reside nas possíveis usurpações por parte do governo, o principal objeto da legislação deve ser evitá-las. Assembléias do povo devem, portanto, ser reunidas com a maior freqüência possível e com regularidade, sem que o governo precise convocá-las (caps.12-15 e 18). Essas assembléias devem ser compostas pelo próprio povo e não por representantes. A autoridade legislativa não pode ser delegada, assim como não pode ser alienada. Leis são leis apenas se forem expressamente desejadas pela sociedade reunida (III, 15). Mas essas medidas não são as únicas que Rousseau julga necessárias. Ele indica outras a respeito das maneiras de inferir a vontade geral a partir do sufrágio (IV, 3) e a contagem de votos nas assembléias do povo (IV, 4). Ele também defende certas instituições, como o tribunal, cuja função é proteger a soberania contra o abuso da autoridade governamental (IV, 5), a censura, cujo dever é defender as morais e os costumes essenciais à estabilidade social (IV, 7) e a ditadura, que é invocada nas situações imprevistas (IV, 6). Não é preciso entrar nesses detalhes de organização, emprestados na maior parte de Roma, uma circunstância que prova novamente que o regime da cidade-estado é de fato aquele ao qual Rousseau se propõe a construir uma base teórica.

Mas um hábil mecanismo constitucional não basta para assegurar a coesão social. Como esta resulta principalmente de um acordo espontâneo de vontades, ela não é possível sem uma certa comunhão intelectual. No passado, essa comunhão resultava naturalmente do fato de que cada sociedade tinha sua religião, que era a base da ordem social. As idéias e os sentimentos necessários ao funcionamento da sociedade eram postos sob a proteção dos deuses. O sistema político também era teológico. É por isso que cada Estado tinha sua religião e não era possível ser membro de um Estado sem praticar sua religião.

O Cristianismo introduziu uma dualidade em que só havia e só deveria haver unidade. Ele separou o temporal e o espiritual, o teológico e o político. O resultado foi um desmembramento da autoridade soberana. Entre os dois poderes opostos, assim estabelecidos, surgiram conflitos perpétuos que impossibilitavam uma boa administração do Estado. Rousseau rejeitava a doutrina de Bayle, segundo a qual a religião é inútil ao Estado (*Pensamentos diversos escritos a um doutor da Sorbonne*, escritos por ocasião do aparecimento de um cometa em dezembro de 1680). "A força" que "as leis têm em si mesmas" não lhe parece suficiente (IV, 8). "Cada cidadão deve ter uma religião que o faça amar seus deveres" (*ibid.*). Mas ele também não admite a teoria proposta por Warburton em *A Aliança entre Igreja e Estado* (Londres, 1742), de acordo com a qual o Cristianismo é o mais forte apoio do corpo político. A religião cristã, "longe de ligar o coração dos cidadãos ao Estado, separa-o dele assim como de todas as coisas da Terra" (*Pensamentos diversos*). É, portanto, necessário estabelecer um sistema de crenças coletivas sob a direção do Estado, e apenas dele. Esse sistema não deve tentar reproduzir o que havia na base das antigas cidades-estado, pois não se trata de voltar àquele ponto, uma vez que ele era falso. Um retorno ao passado não apenas é impossível como desnecessário. Necessário é que o cidadão tenha uma razão religiosa para cumprir o seu dever. Conseqüentemente, os únicos dogmas que devem ser impostos em nome do Estado são os que se relacionam à ética. Tirando isso, todos devem ser livres para professar as opiniões que desejarem. O corpo político não precisa se preocupar com essas opiniões porque não é afetado por elas. As próprias razões pelas quais ele deve intervir na esfera espiritual marcam os limites dessa intervenção. Em outras palavras, embora uma religião civil seja necessária para afirmar interesses civis, sua autoridade não deve se estender senão na medida exigida por esses interesses.

Rousseau conclui que a separação ilógica e anti-social entre poder espiritual e temporal deve ser eliminada, e que a religião do Estado deve ser reduzida aos poucos princípios necessários para reforçar a autoridade da moral. Esses princípios são os seguintes: a existência de Deus, a vida futura, a santidade do contrato social e das leis, a absoluta proibição de qualquer intolerância em assuntos não incluídos no credo social. O Estado não deve tolerar qualquer religião que não tolere outras religiões. Apenas o Estado pode excluir de seu corpo membros que julga indignos. Nenhuma religião deve dizer que não há salvação fora dela.

# Conclusão

Estamos agora em posição de julgar da perfeita continuidade do pensamento de Rousseau desde o *Segundo Discurso* até o *Contrato Social*. O *estado de natureza*, tal como é descrito no primeiro, é um tipo de anarquia pacífica em que os indivíduos, independentes uns dos outros e sem vínculos que os unam, dependem apenas da força abstrata da natureza. No *estado civil*, como visto por Rousseau, a situação é a mesma, embora sob uma forma diferente. Os indivíduos não estão conectados uns aos outros; há um mínimo de relação pessoal entre eles, mas dependem de uma nova força, que é sobreposta às forças naturais mas tem a mesma generalidade e necessidade: a *vontade geral*. No estado de natureza, o homem se submete voluntariamente às forças naturais e espontaneamente toma a direção que elas impõem porque sente instintivamente que não há nada melhor a fazer e que aquilo é de seu interesse. Sua ação coincide com sua vontade. No estado civil, ele se submete à vontade geral não menos livremente porque essa vontade geral é sua obra e porque ao obedecê-la ele obedece a si mesmo.

Aqui podemos ver as semelhanças e diferenças entre Rousseau e seus dois predecessores, Hobbes e Montesquieu. Para os três pensadores, a sociedade é algo acrescentado à natureza. Na opinião de Montesquieu, as leis do estado de natureza são distintas das do estado social, que são sobrepostas àquelas por um ato deliberado do legislador. Mas embora haja acordo sobre esse ponto fundamental, há profundas diferenças no modo como os três filósofos concebem o reino que o homem acrescenta ao restante do Universo. Segundo o ponto de vista de Hobbes, a ordem social é gerada por um ato de vontade e sustentada por um ato de vontade que deve ser constantemente renovado. As sociedades se formam porque os homens se submetem voluntariamente a um soberano absoluto para evitar os horrores do estado de guerra e são mantidas porque o soberano evita que se dissolvam. É ele quem faz a lei, e a submissão dos homens à vontade de seu soberano é o que constitui o vínculo social. Ele deve ser obedecido porque comanda. Se aceitam sua dependência, sem dúvida, é porque julgam proveitoso fazê-lo, mas isso não explica todos os detalhes da organização social. Uma vez que o Estado tenha sido estabelecido, é o chefe de Estado quem faz a lei, sem aceitar controle sobre seu poder. A visão de Montesquieu era bem diferente. Embora apenas um legislador possa estabelecer a lei, ele não pode promulgar qualquer lei que lhe agrade. Uma lei apropriada deve estar de acordo com a natureza das coisas. Tanto quanto possível, a boa lei não resulta de ação arbitrária, mas é determinada pelas condições dominantes na sociedade. Esse pode não ser o caso, mas então a lei será anormal. Rousseau talvez seja ainda mais categórico sobre esse ponto. O sistema social baseia-se em uma harmonia objetiva de interesses, no estado da opinião pública, nos modos e nos costumes. As leis necessariamente expressam esse estado de coisas. A vontade geral não pode ser representada por um indivíduo, pois ela transcende a vontade individual. As duas são incompatíveis e uma não pode substituir a outra. O substrato natural da opinião pública está no todo e não em uma parte. A intenção de Rousseau não é tanto armar o soberano de um poder coercivo suficiente para superar a resistência, quanto moldar o espírito dos homens de tal modo que a resistência não ocorra.

Embora os três pensadores concordem que o social e o individual são heterogêneos, observamos um esforço crescente para enraizar o ser social na natureza. Mas é aí que reside o ponto fraco do sistema. Ao passo que, como mostramos, a vida social para Rousseau não é contrária à ordem natural, ela tem tão pouco em comum com a natureza que podemos nos perguntar como ela é possível. Rousseau diz, em algum lugar, que o respeito pela autoridade do legislador pressupõe um certo espírito social. Mas sua observação se aplica ainda mais ao estabelecimento de uma sociedade. Se, todavia, uma sociedade for formada por indivíduos isolados, no estado atômico, não se percebe de onde ela pode vir. Talvez, se Rousseau admitisse um estado de guerra como o de Hobbes, pudéssemos entender por que, com o fito de acabar com ele, os homens se organizaram em um corpo e chegaram mesmo ao ponto de remodelar sua natureza original. Mas ele não pode levar adiante essa explicação porque, a seu ver, o estado de guerra é um resultado da vida em comum. E assim como ele não consegue explicar por que a vida social, mesmo em suas formas históricas imperfeitas, pôde surgir, tem grande dificuldade para mostrar como ela poderia livrar-se de suas imperfeições e se estabelecer sobre uma base lógica. Seus alicerces na natureza das coisas são tão instáveis que ela aparece como uma estrutura cambaleante, cujo delicado equilíbrio pode ser estabelecido e mantido apenas por uma conjunção quase miraculosa de circunstâncias.

## LEITURA RECOMENDADA

### O CÓDIGO DE HAMMURABI
*Escrito em cerca de 1780 a.C.*
*Leonard William King*

O Código de Hammurabi é um corpo de leis estabelecidas por Hammurabi durante o seu reinado na Babilônia, entre 1795 e 1750 a.C. Este Código, que regulava em linhas claras e definidas a sociedade na Antiguidade, é atualíssimo, pois possui 282 artigos reconhecendo Institutos de Direito atuais, dentre estes o de Propriedade, Penhora, Sucessões, Família, bem como normas de proteção ao consumidor, as quais, apenas recentemente, foram inseridas no Sistema Jurídico do Brasil.

### ROMA E O DIREITO
*Michèle Ducos*

O objetivo deste livro é tentar compreender o sistema do Direito Romano e as fontes que o definem. A autora busca distinguir as diferentes categorias, como pessoas, bens, contratos, mas insiste, ainda, sobre a filosofia do Direito, pois Roma não nos legou apenas conceitos, mas também uma importante reflexão sobre o Direito, cuja influência se fez sentir por muito tempo.

### DOS DELITOS E DAS PENAS
*Cesare Beccaria*

Transcorridos aproximadamente dois séculos e meio, *Dos Delitos e das Penas* continua uma obra vigorosa e direta no melhor sentido do termo. Tem valor histórico, lógico e vale como advertência contra as injustiças e os julgamentos apressados e superficiais.

### MEDITAÇÕES CARTESIANAS
*Introdução a Fenomenologia*
*Edmund Husserl*

Esta é uma obra em que o leitor terá uma oportunidade ímpar de observar a aplicação sistemática de um método de filosofar e a honestidade intelectual de um dos maiores filósofos do século passado e, sem dúvida, um dos marcos da reviravolta filosófica que ainda prossegue motivando o nosso pensar.

### NIETZSCHE, O PROFETA DO NAZISMO
*O Culto do Super-Homem – Revelando a Doutrina*
*Abir Taha*

Este livro analisa profundamente a influência de Nietzsche sobre a ideologia nazista, concentrando-se em como os nazistas se apropriaram da maioria dos conceitos e ideais nietzschenianos para adequá-los à sua própria doutrina. A autora traça uma clara distinção entre a doutrina esotérica nazista – que é elitista, supranacional e espiritual – e a doutrina exotérica popular nacionalista. Com isso, ela pretende estabelecer uma relação entre a doutrina secreta nazista e a filosofia de Nietzsche, revelando tanto o caráter oculto do Nazismo Esotérico como o Arianismo pagão de Nietzsche.

**VISITE NOSSO SITE: www.madras.com.br**

# MADRAS® CADASTRO/MALA DIRETA

*Editora*

*Envie este cadastro preenchido e passará a receber informações dos nossos lançamentos, nas áreas que determinar.*

Nome _____
RG _____ CPF _____
Endereço Residencial _____
Bairro _____ Cidade _____ Estado ___
CEP _____ Fone _____
E-mail _____
Sexo ❏ Fem. ❏ Masc.    Nascimento _____
Profissão _____ Escolaridade (Nível/Curso) _____

Você compra livros:
❏ livrarias   ❏ feiras   ❏ telefone   ❏ Sedex livro (reembolso postal mais rápido)
❏ outros: _____

Quais os tipos de literatura que você lê:
❏ Jurídicos   ❏ Pedagogia   ❏ Business   ❏ Romances/espíritas
❏ Esoterismo  ❏ Psicologia  ❏ Saúde      ❏ Espíritas/doutrinas
❏ Bruxaria    ❏ Auto-ajuda  ❏ Maçonaria  ❏ Outros:

Qual a sua opinião a respeito dessa obra? _____
_____

Indique amigos que gostariam de receber MALA DIRETA:
Nome _____
Endereço Residencial _____
Bairro _____ Cidade _____ CEP _____

Nome do livro adquirido: ***Montesquieu e Rousseau***

Para receber catálogos, lista de preços e outras informações, escreva para:

**MADRAS EDITORA LTDA.**
Rua Paulo Gonçalves, 88 — Santana
CEP 02403-020 — São Paulo — SP
Caixa Postal 12299 — CEP 02013-970 — SP
Tel.: (11) 2281-5555/2959-1127
Fax: (11) 2959-3090
www.madras.com.br

Este livro foi composto em Times New Roman, corpo 11/14.
Papel Offset 75g
Impressão e Acabamento
Hr Gráfica e Editora – Rua Serra de Paraicana, 716 – Mooca– São Paulo/SP
CEP 03107-020 – Tel.: (011) 3341-6444 – e-mail: vendas@hrgrafica.com.br